HBR
자기계발
큐레이션

하루 10분 가장 짧은 습관 수업

하루 10분
가장 짧은 습관 수업

제임스 클리어 외 지음 | 박주미 옮김

위즈덤하우스

차례

Harvard
Business
Review

1

매일 1퍼센트만 더 나아지면 된다

새로운 습관을 만드는 올바른 방법

2019년 12월 31일 <HBR 아이디어캐스트HBR Ideacast>의 "새로운 습관을 만드는 올바른 방법The Right Way to Form New Habits"을 편집

이 글의 저자

제임스 클리어James Clear

사업가. 《아주 작은 습관의 힘: 최고의 변화는 어떻게 만들어지는가 Atomic Habits: An Easy and Proven Way to Build Good Habits and Break Bad Ones》를 썼다.

앨리슨 비어드Alison Beard

<하버드 비즈니스 리뷰Harvard Business Review>의 수석 편집자. 파이낸셜 타임스Financial Times에서 리포터와 편집자로 근무했다.

좋은 습관은 자기 인식과 훈련에서 시작된다. 매일 열 쪽씩 책 읽기, 매일 30분씩 운동하기, 매일 명상하기를 습관으로 만들려면 이 행동이 그때뿐만 아니라 장기적으로 나에게 어떤 유익을 주는지 알아야 한다.

습관이 어떻게 삶을 더 행복하게 만드는지 깨달은 사람들은 작은 노력으로 엄청난 변화를 만들 수 있다는 사실 역시 알고 있다. 베스트셀러 《아주 작은 습관의 힘》의 저자이자 사업가인 제임스 클리어 역시 습관의 중요성을 강조한다.

이 인터뷰에서는 <HBR 아이디어캐스트> 진행자인 앨리슨 비어드가 클리어를 만나 현재는 물론 미래에도 도움이 될 좋은 습관을 개발하는 방법과 그 과정에서 겪는 어려움을 극복하는 방법에 관해 대화를 나눈다.

어떤 사람이 되고 싶은가를 생각하라

앨리슨 비어드(이하 비어드): 당신은 저서에서 사람들이 "나는 아침형 인간이 아니야", "나는 사람 이름을 잘 기억하지 못해", "나는 항상 지각해", "나는 기계치야", "나는 수학 포기자야"라고 말하며 자신의 한계를 규정한다고 했습니다. 저도 경제부 기자로서 아침에 일찍 일어나고 사람들 이름도 잘 기억하고 시간도 잘 지키고 수학과 기계에도 능숙해지면 일을 훨씬 잘할 수 있다는 사실을 알면서도 늘 그렇게 이야기하거든요. 어떻게 해야 자신에 대한 생각을 바꿀 수 있을까요?

제임스 클리어(이하 클리어): 그래서 습관이 중요합니다. 습관이 내면의 소리를 바꿔주거든요.

습관은 자아상도 바꿉니다. 어떤 일을 처음 할 때는, 열 번 혹은 백 번 할 때조차도 우리는 자신을 변화된 모습으로 바라보지 않습니다. 그 일에 능숙하지 않을 수도 있습니다. 그럼에도 멈추지 않고 계속한다면 어느 시점에 이르러서는 보이지 않는 경계를 뛰어넘게 됩니다. 그때 우리는 이렇게 생각하기 시작합니다. '우아, 나는 꽤 학구적인 사람이었네' 또는 '나는 깔끔하고 체계적인 사람이구나'라고요.

우리가 하는 모든 행동은 곧 우리가 되고자 하는 사람의 모습에 투표하는 것입니다. 습관을 만들기 위해 목표를 실천하는 것은 이상적이라고 생각하는 내 모습에 표를 더 많이 던지는 것이며 "이봐, 내가 이런 사람이야"라고 말할 수 있는 증거를 만들어나가는 것입니다.

이런 관점에서 저의 접근 방식은 "될 때까지 된 것처럼 행동하라"라는 기존의 접근법과 조금 다릅니다. "될 때까지 된 것처럼 행동하라"라는 말은 아무 근거도 없이 자신을 긍정적으로 믿으라는 뜻입니다. 이런 근거 없는 믿음을 '망상'이라고 하죠.

두뇌는 우리가 계속하는 말과 하는 행동이 다른 상태를 좋아하지 않습니다. 행동과 믿음은 함께입니다. 우리 두뇌는 행동이 믿음의 길을 이끌어야 한다고 생각합니다. 한 번 팔 굽혀 펴기, 한 문장 쓰기, 1분 명상하기 등 어떤 작은 것이라도 실천하면 적어도 그 순간만큼은 당신이 운동을 거르지 않는 사람이었고 글 쓰는 사람이었고 명상하는 사람이었다는 사실은 거짓이 아니게 되기 때문입니다.

장기적으로 이것이 진정한 목표가 돼야 합니다. 즉, 목표를 마라톤 달리기가 아니라 달리는 사람이 되는 것으로 설정해야 합니다.

이렇게 자신에게 새로운 정체성을 부여하기 시작하면 더 이상 행동을 고치는 데 집착하지 않습니다. 자신이 생각하는 자기 모습에 맞춰서 행동할 뿐입니다. 이처럼 진정한 행동 변화란 사실 정체성 변화를 말합니다.

업무 생산성을 높이는 두 가지 습관

비어드: 당신의 접근법을 일에는 어떻게 적용할 수 있을까요?

클리어: 두 가지 습관을 형성하기를 추천합니다.

첫 번째는 에너지 습관을 형성하는 것입니다. 에너지 습관은 거의 모든 다른 습관을 만들기에 유리한 상황을 만들어 주는 '메타-습관Meta-habit'입니다. 숙면 취하기가 대표적인 예입니다. 제대로 휴식하지 못하면 업무 일과를 달성하기 힘들어집니다. 건강 관련 습관이 이 유형에 속합니다. 운동, 스트레스 해소, 영양 섭취 습관은 모두 에너지 습관에 해당합니다.

두 번째는 관심 습관을 형성하는 것입니다. 에너지 습관과 달리 관심 습관은 지적 활동과 직접 연관돼 있습니다. 지적 활동을 하며 시간을 보내는 사람 또는 창의적 활동의 대가를 받는 사람의 경우 그가 제안하는 생각은 항상 그의 관심 영역에서 만들어지죠. 이 말은 우리가 읽고 소비하는 모든 것이 창의적이고 혁신적인 발상의 바로 전 단계라는 뜻입니다.

소비 습관이나 관심 습관을 개선함으로써 직장에서의 결과물을 획기적으로 향상할 수 있습니다. 우리는 정보의 홍수에 살고 있죠. SNS, 기사, 책에서 다양한 정보를 얻습니다. 그 정보를 취하든 버리든, 이런 시대에 정보를 선정하고 편집하고 가공하는 능력과 밀려드는 정보 중 필요한 것만 골라내는 능력은 중요한 의사결정 능력입니다. 그 정보에 따라 결과물이 만들어지기 때문입니다.

이와 더불어 또 다른 습관도 지켜봐야 합니다. 이 습관은 기르기보다는 버려야 하는 습관입니다. 예를 들자면 집에서 일하는 저는 지난 1년 동안 매일 점심 때까지 핸드폰을 다른 방에 둔다는 규칙을 지키고 있습니다. 핸드폰이 책상에 올려져 있으면 거기 있다는 이유만으로 3분에 한 번씩 확인하죠. 하지만 핸드폰을 다른 방에 두면 굳이 가지러 가지 않습니다.

현대 사회에서 우리는 기술과 편의에 따른 습관, 특히 핸드폰이나 앱과 관련한 나쁜 버릇을 정말 많이 보곤 합니다. 아주 조금의 여지만 있어도 어느 틈엔가 핸드폰을 손에 쥐고 있을 만큼 습관이 만들어지는 방식은 정말 단순합니다. 잠깐 딴생각을 했을 뿐인데 하던 일에서 벗어나게 되죠. 회사의 책상이든 집에서 일하는 공간이든 주변 환경을 다시 정비하면 별다른 거부감 없이 생산성을 높일 수 있습니다. 주의를 흐트러뜨리는 방해물에 대한 저항력을 늘릴 수도 있습니다. 업무 성과를 높이고 싶다면 우선 에너지 습관과 관심 습관, 이 두 가지 영역에 집중해야 합니다.

습관이 변화를 만드는 방법

비어드: 그렇군요. 이제 습관의 첫발을 뗐습니다. 어떻게 하면 거기에서 더 나아가 의미 있는 변화를 만들어낼 수 있을까요?

클리어: 작은 습관을 만들다 보면 어느 순간 모두의 눈에 띄는 수준으로 진전하고 싶어집니다. 저는 이런 상태를 '습관의 졸업'이라고 합니다. 다음 단계로 올라가는 상태죠. 즉, 매일 1퍼센트씩 더 나아지려고 하는 것입니다. 복리의 마법처럼 습관을 오랜 시간 계속 반복할수록 효과는 눈덩이처럼 불어납니다. 저는 습관을 '자기 개선의 복리 이자'라고 말하고 싶습니다.

독서를 예로 들어봅시다. 책을 한 권 읽는다고 천재가 되지는 않습니다. 하지만 매일 책을 읽는 습관을 만들고 한 권에서 시작해 다른 책들까지 계속 읽어나가다 보면 이전에 읽었던 모든 책을 새로운 체계나 방식으로 이해하게 됩니다. 서로 연결할 지점이 늘어나고 관점이 확대되면서 지식 위에 새로운 지식이 더해져 통합되기 시작합니다.

많은 습관이 그렇습니다. 매일 10분 더 운동하기도 마찬가지입니다. 영업 전화를 한 통 더 걸거나 이메일을 한 통 더 보낼 수도 있습니다. 하루 중 무언가를 10분 정도 더 하는 것이 그렇게 큰일은 아닙니다. 하지만 30년간 매일 무언가를 더 한 사람과 그러지 않은 사람의 차이는 놀라울 정도로 큽니다. 하루에 영업 전화를 한 통 더 하는 일이 1년, 수십 년간 반복되면 그 의미가 커집니다.

좋은 습관이 있다면 시간은 당신의 편이 돼줄 것입니다. 인내심이 필요할 뿐입니다. 그 습관이 당신을 위해 복리로 일하도록 만들어야 합니다. 반대로 나쁜 습관이 있다면 시간은 적이 됩니다. 매일 조금씩 더 깊게 땅굴을 파서 점차 당신을 궁지로 몰아가며 시간을 허비하게 할 것입니다.

정체기의 마인드 세팅

비어드: 변화가 만들어지는 과정은 선형적이지 않다는 것이군요.

습관을 만들기 위해 노력하다 보면 변화가 더뎌 포기하고 싶어질 때도 있습니다. 어떻게 해야 이런 시기를 잘 헤쳐 나갈까요?

클리어: 정체기의 마인드 컨트롤 방법은 제 독자들이 자주 물어보는 주제입니다. 보통 이렇게 질문하고는 합니다. "한 달 동안 달렸는데 왜 몸의 변화가 보이지 않을까요?"라고 하죠. 또는 "이 소설을 쓴 지 다섯 달 반이 지났는데 여전히 윤곽이 잡히지 않아서 엉망입니다. 이 일이 끝나기는 할까요?"라고 묻기도 합니다. 습관을 열심히 만들다 보면 그런 생각이 드는 것이 당연합니다.

가끔 저는 습관을 형성하는 과정과 얼음 조각을 녹이는 과정이 비슷하다고 생각합니다. 영하 3.5℃ 정도로 추운 방에 들어갔다고 생각해봅시다. 입김이 나올 정도입니다. 방에 놓인 테이블에는 얼음 조각이 놓여 있습니다. 방의 온도를 영하 3.3℃, 영하 2.7℃, 영하 2.2℃로 천천히 올리기 시작합니다. 얼음 조각은 아직도 그대로입니다. 계속해서 영하 1.6℃, 영하 1.1℃, 영하 0.5℃로 올립니다. 아직도 얼음 조각은 녹지 않았습니다. 영하 0.5℃에서 0℃까지 온도를 올립니다. 그러자 얼음이 녹기 시작합니다. 온도를 올리는 행동은 이전과 전혀 다르지 않지만 임계점에 도달하면 상황이 달라집니다.

좋은 습관을 만들고 더 나은 결과를 얻는 과정은 흔히 이런 형태입니다. 매일 실천한다면 온도는 아주 조금씩 올라갑니다. 이렇게 작은 개선을 만들어가면 1퍼센트씩 나아집니다. 하지만 노력한 만큼의 결과가 바로 얻어지지는 않습니다.

한 달이나 세 달, 여섯 달 정도 습관을 만들어나가다 성과가 눈에 보이지 않는다고 포기하는 것은 영하 3.5℃에서 영하 0.5℃로 온도를 올려놓고 얼음 조각이 녹지 않는다고 불평하는 일과 같습니다. 노력은 증발하지 않습니다. 조금씩 쌓일 뿐입니다.

이것이 습관을 얻는 방식입니다. 소설을 완성하는 것은 마지막 문장이 아니라 그때까지 써온 모든 문장입니다. 건강한 몸을 만드는 것은 마지막 운동이 아니라 그때까지 해온 모든 운동입니다. 기꺼이 계속 실천하고 잠재적인 에너지를 만들고 그 에너지가 내면에 쌓인다는 사실을 깨닫는다면 우리는 더 나은 습관을 만들기 위해 분투할 수 있으며 궁극적으로 원하는 보상을 성취할 수 있습니다.

좋은 습관과 나쁜 습관

비어드: 왜 좋은 습관은 형성하고 오래 유지하기가 어려운 것에 비해 나쁜 습관은 쉽게 만들어지고 끊어내기는 어려울까요?

클리어: 《아주 작은 습관의 힘》을 집필할 때 저도 그에 관한 생각을 많이 했습니다. 그 질문에 대한 답이 결국 좋은 습관을 만들거나 나쁜 습관을 끊어내기 위해 무엇을 해야 하는지 알려주기 때문이죠.

좋은 습관에 관해 이야기하기에 앞서, 나쁜 습관은 왜 그렇게 쉽게 달라붙는 것일까요? 나쁜 습관의 특징은 다양합니다.

첫째로 나쁜 습관은 쉽게 눈에 띕니다. 예를 들어 패스트푸드를 먹는 일을 나쁜 습관 혹은 자주 하고 싶지 않은 일이라고 해봅시다. 미국에서 15분 이상 운전하면 패스트푸드점을 10여 개, 아니 최소 몇 개는 지나치기 마련이죠. 나쁜 습관을 매우 쉽게 만날 수 있는 환경인 것입니다. 이런 점을 좋은 습관을 형성하는 데 적용해볼 수 있습니다. **좋은 습관을 갖고 싶으면 그 습관을 일상의 주요한 영역으로 만들어야 합니다.**

나쁜 습관의 또 다른 특징은 대부분 편리하다는 것입니다. 나쁜 습관은 거부감이 없습니다. 나쁜 습관은 엄청나게 편리하기 때문에 우리에게 잘 들러붙습니다. **마찬가지로 좋은 습관을 익히고 싶으면 그 습관을 가능한 한 쉽고 편리하게 만들어야 합니다.**

나쁜 습관의 세 번째 특징은 일반적으로 보상은 즉시 주어지지만 대가는 느리게 치른다는 것입니다. 좋은 습관은 이와 반대입니다. 예를 들어 한 주 동안 체육관에 갔을 때 얻어지는 이점은 그렇게 많지 않습니다. 실제로 우리 몸은 그렇게 빨리 변화하지 않습니다. 어제와 똑같은 모습을 거울로 보게 됩니다. 몸무게 역시 대체로 변하지 않습니다. 그 습관을 1~2년 정도 지속하고 나서야 원하는 결과를 얻을 수 있습니다.

좋은 습관 만들기의 시작 구간은 대부분 죽음의 협곡과도 같으며 보상이 지연된다는 사실을 받아들이는 것은 힘듭니다. 나쁜 습관은 이와 반대죠. 결과를 즉시 얻습니다. 나쁜 습관은 그 순간에는 기분이 좋지만 길게 보면 결과적으로 우리에게 해롭습니다.

좋은 습관은 현재에 대가를 지불합니다. 나쁜 습관은 미래에 대가를 지불하죠. 나쁜 습관이 쉽게 만들어지는 것에 비해 좋은 습관은 매우 느리게 만들어지는 이유는 대부분 보상을 얻을 수 있는 시점이 다르기 때문입니다.

좋은 습관이 있다면
시간은 당신의 편이 돼줄 것입니다.
인내심이 필요할 뿐입니다.
그 습관이 당신을 위해
복리로 일하도록 만들어야 합니다.

Harvard
Business
Review

2

일단 루틴부터 만들어라

루틴과 습관의 차이

2021년 2월 2일 hbr.org, Ascend에 실린 내용을 편집

이 글의 저자

크리스티 드폴 Kristi DePaul

진로 탐색과 퍼스널 브랜딩 전문가. 카네기멜런대학교 H. 존 하이즈 III 대학에서 정보시스템과 공공정책 석사학위를 취득했다. CEO를 위한 사고 리더십 기업 뉘앙스Nuanced의 설립자이자 대표이며, 학습 및 직업의 미래를 주제로 한 원격 콘텐츠 에이전시 파운더스Founders의 CEO다.

습관은 실제로 삶을 결정한다. 한 연구에 따르면 우리가 매일 하는 행동의 절반 정도는 반복적인 행동이라고 한다.[1] 그 까닭에 행동과학자들과 심리학자들은 긍정적 습관을 만들고 유지하는 방법을 연구하는 데 오랜 시간을 할애했다. 적절한 수면과 운동, 건강한 식습관, 규칙적인 일과, 마음 챙김 등을 습관으로 형성하면 일, 관계, 정신을 건강하게 만들 수 있다.

그런데 만약 이런 일들이 익숙해지지 않는다면 어떻게 해야 할까? 새로운 습관을 만들려면 무엇을 해야 할까? 이런 질문에 대한 수많은 답을 인터넷에서 찾을 수 있지만, 습관 형성을 연구하는 신경과학은 "습관에 지름길은 없다"라고 이야기하며 서서히 습관을 발전시켜나가는 보수적 접근법을 제시한다. 실천을 반복해 변화를 만드는 방법은 이미 효과가 여러 번 입증됐다.

하지만 알아둘 것이 있다. 바로 변화는 습관에서 시작되지 않는다는 것이다. 변화의 첫걸음은 루틴을 만드는 것이다.

루틴 vs. 습관

대개 습관과 루틴은 서로 대체할 수 있는 개념이라고 생각한다. 하지만 《초집중: 집중력을 지배하고 원하는 인생을 사는 비결Indistractable: How to Control Your Attention and Choose Your Life》의 저자 니르 에얄Nir Eyal은 이것이 일반화된 오해이며 그렇게 생각하면 습관을 형성하는 데 실패할 가능성이 크다고 이야기했다. 에얄은 이렇게 말했다.

"우리는 새로워지는 데 실패하면 항상 자신을 탓합니

다. 습관이 될 수 있는 행동과 습관이 될 수 없는 행동을 제대로 이해하지 못한 누군가가 쓴 책을 읽고 잘못된 조언에 따른 탓이라고는 생각하지 않아요."

에얄은 '루틴은 자주 의식적으로 반복하는 행동이지만 습관은 거의 또는 전혀 의식하지 않고 하는 행동'이라고 설명했다.

어떤 행동을 습관으로 만들려면 전에 그 행동이 규칙적으로 실행하는 루틴이 돼 있어야 한다. 하지만 대부분은 루틴을 만드는 단계를 건너뛰려고 한다. 에얄은 "사람들이 습관을 자동 비행 장치처럼 지루하고 재미없는 일을 저절로 처리해주는 것이라고 착각해서 이런 문제가 발생하죠"라고 이야기했다(맞는 말이긴 하다. 어찌 됐든 일이 저절로 처리된다면 해야 할 일이 훨씬 줄어들 것이다).

습관과 달리 루틴은 불편하고 애써야 하는 행동이다. 예를 들어 매일 아침 일찍 일어나 조깅을 한다거나 매일 밤 10분간 명상을 한다는 루틴을 만들기로 계획했다면 처음에는 그 목표를 지키기 위해 의식적으로 행동해야 한다. 반면 습관은 하지 않으면 이상할 만큼 어떤 행동이 일상에 매우 깊이 뿌리내린 상태를 의미한다. 자기 전 양치질을 하지 않거나 아침에 커피를 마시지 않는다고 생각해보자. 이런 행동이 습관으로 굳어졌다면 하지 않았을 때 불편할 것이다.

루틴을 습관으로 변화시키려면 다음부터 알려줄 팁을 따라 해보자.

목적을 생각하라

몇 가지 루틴을 습관으로 만들겠다고 결심한다고 해도 그것을 모두 달성할 수는 없다. 어떤 행동은 정량화할 수는 있지만 과도하게 집중하거나 의식하거나 노력해야 한다. 아예 습관이 될 가능성이 없는 행동도 있다. 이런 이유로 악기 연주, 집 청소, 일기 쓰기는 습관의 영역에 들어가지 못한다. 그런 일들은 무의식적으로 할 수 있는 행동이 아닐 뿐만 아니라 노력하지 않고 할 수 있는 일도 아니기 때문이다.

어떤 루틴을 습관으로 변화시킬지를 현명하게 선택해야 한다. 예컨대 물을 더 많이 마시는 습관을 만들고 싶다든지 아침에 일어나 가장 먼저 이메일을 확인하는 버릇을 바꾸고 싶을 수 있다. 어떤 루틴이든 습관으로 만드는 과정을 실행할 수 있어야 한다. 그러려면 인내심, 자제력, 의무감이 필요하다.

《습관의 힘The Power of Habit》의 저자 찰스 두히그Charles Duhigg는 인터뷰에서 "'새로운 습관을 형성하려면 21일이 필요하다' 같은 규칙은 없습니다. 필요한 시간은 사람마다 다르겠죠"라고 말했다. 아침 식사로 초콜릿 먹기 같은 즐거운 습관은 하루 만에 만들어질 수 있지만 매일 저녁 5시에 운동하기 같은 습관은 형성되는 데 훨씬 더 오래 걸릴 수 있다.

방해물에 대비하라

《타인의 속마음에 닿는 대화Listen Like You Mean It》의 저자

이자 실리콘밸리에서 서비스와 제품에 관한 사용자들의 생각과 행동을 분석하는 UX 리서처, 히멘아 벤고에체아Ximena Vengoechea는 다음과 같이 말했다.

"노력으로 무엇을 왜 얻고 싶은지 생각해야 합니다. 작가가 되려는 목표를 세웠다고 칩시다. 명성이나 지위, 돈을 얻고자 소설을 쓰려고 하는 건가요? 소중한 사람들에게 인정받기 위해서입니까? 아니면 단순하게 문학을 사랑하기 때문인가요?"

벤고에체아의 말처럼 새로운 습관을 만드는 과정에서 피할 수 없는 걸림돌을 만난 경우 '왜' 그 습관을 만들려는지를 알아야 계속 실천할 수 있다.

습관을 만드는 데 실패한 적 있다면 지금까지 그 행동을 왜 규칙적으로 하지 않았는지 생각해보자. 무엇 때문에 중단했는가? 그 행동을 실천할 때 두려움이나 수치심을 느꼈는가? 아니면 시간이 부족했는가?

벤고에체아는 "방해물은 계속 생기기 마련이니 이를 만났을 때 신속하게 처리할 수 있도록 방해물에 익숙해져야 합니다"라고 말했다. 일이 바빠지면 매일 체육관에 갈 수 없게 된다. 이런 상황에 대비해 30~60분 정도 방해받지 않는 시간을 일과에 넣어보자.

그 일을 해야 한다는 의지가 결여될 수도 있다. 의무감을 느낄 수 있도록 주변인 중 한두 명 정도에게 목표를 공유하고 함께하자. 믿을 만한 상사, 동료, 친구, 배우자 또는 가족이 그 예다. 벤고에체아는 "상황이 어려워질 때 나를 지지하고 처음 그 일을 선택한 이유를 떠올리게 해줄 누군가와 열정, 목적, 계획, 심지어 두려움까지도 확실하게 공유해야 합니다"라고 말했다. 연구에 따르면 나보다 지위가 더 높거나 나를 중요하게 여기는 누군가에게 내 목표를 알리면 그를 달성할 가능성이 눈에 띄게 증가한다고 한다.[2]

넛지를 활용하라

'넛지Nudge(유인책)'는 새로운 루틴을 시작하는 데 유용한 도구다. 다음과 같은 다양한 넛지를 활용할 수 있다.

계획을 세워라. 습관으로 만들고 싶은 행동을 꾸준히 실천할 수 있도록 매일 또는 격일로 규칙적인 일과를 계획하자. 이때 처음부터 지나치게 무리하지 않는지 점검하는 것이 좋다. 벤고에체아는 "너무 급하게 몰두하고 바로 결과를 기대한다면 시작하기도 전에 낙담하거나 실패하기 쉽습니다"라고 말했다.

작은 습관을 계획하라. 작은 일들을 습관으로 만들며 천천히 적응해나가다 보면 목표를 성취할 수 있다. 작은 습관을 최종 목적지에 도달하는 디딤돌이라고 생각하자. 참조할 수 있는 몇 가지 사례를 제시한다.

- **목표** 직무 관련 뉴스를 더 읽는다.
- **할 수 있는 일** 핸드폰에 관심 분야와 관련 있는 소식의 알림이 오도록 설정해 매일 기사를 최소 한두 개 읽을 수 있도록 한다.

- **목표** 수면의 질을 개선한다.
- **할 수 있는 일** 핸드폰에서 나오는 블루라이트는 숙면을 방해한다. 침대 옆에 좋아하는 책을 놓고 핸드폰은 다른 방에서 충전해 만질 수 없게 한다. 침대에 누우면 자연스럽게 둠 스크롤링doom-scrolling(핸드폰으로 최신 정보를 계속 검색하는 행위) 대신 책을 선택하게 된다.

- **목표** 인간관계를 넓힌다.
- **할 수 있는 일** 다른 사람의 특성을 파악할 수 있는 시각적 단서를 활용해 그에게 다가갈 수 있도록 용기를 내본다. 또는 목표를 잊지 않도록 "오늘 동료에게 감사를 표현했는가?", "새로운 누군가에게 다가가자" 같은 문구를 메모지에 적어 모니터에 붙여놓자.

즐거운 일과 함께 묶자. 마지막 넛지는 의무적인 일을 더 즐겁게 만드는 것이다. 이 개념은 연구원인 케이티 밀크맨Katie Milkman과 그의 동료들이 처음으로 만들었는데 정말 간단하다. 자신이 하기 싫은 활동과 즐겨하는 무언가를 함께 묶는 것이다.

더 자세히 말하자면 SNS 확인하기, 음악 듣기, 좋아하는 팟캐스트 시리즈 정주행하기 등 자신에게 즉시 만족감을 주는 행동을 러닝머신에서 달리기, 스프레드시트에 수식 채우기, 잡다한 집안일 처리하기같이 유익하지만 재미가 덜한 활동과 함께 묶는다. 한발 더 나아가 재미있는 일을 그다지 재미있지 않은 일과 같이할 때만 해보자.

실제로 밀크맨은 자신의 연구에서 참여자들에게 원하는 오디오 소설 네 가지를 들을 수 있는 아이팟을 제공하고 운동하는 동안에만 이를 듣게 했다. 그러자 참여자의 체육관 참석률이 대체로 높아졌다.[3]

자신에게 공감하라

마지막으로 좋은 루틴과 습관을 만들고 싶다면 기억해

야 할 것이 있다. 자신에게 공감할 줄 알아야 한다.

큰 변화에는 시간이 걸린다. 그것이 현실이다. 당신도 우여곡절을 겪을 것이다. 하지만 우리는 습관을 만들 능력을 가지고 있을 뿐만 아니라 살아오면서 이미 다양한 습관을 형성했다. 지금도 역시 그럴 준비가 돼 있다.

당신이 지금 느끼는 어려움은 새로운 시도에 당연히 따라오는 것들이다. 새로운 습관을 만드는 일이 막막해졌다면 이 팁들을 나침반으로 삼아 길을 찾아보자.

자, 이제 시작이다.

Harvard
Business
Review

3

공감하는 습관이 번아웃을 줄인다

지치지 않는 습관 형성법

2017년 5월 11일 hbr.org에 실린 "공감의 습관으로 번아웃 줄이기
Prevent Burnout by Making Compassion a Habit"를 편집(product #H03NLJ)

이 글의 저자

애니 맥키Annie McKee

펜실베이니아 교육대학원 선임연구원으로 최고 학습 관리자 박사학위 프로그램 책임자. 《직장에서 행복해지는 방법How to Be Happy at Work》을 썼고 《감성의 리더십Primal Leadership》, 《공감 리더십Resonant Leadership》, 《공감하는 리더 되기Becoming a Resonant Leader》를 공동으로 썼다.

칸디 윈스Kandi J. Wiens

펜실베이니아 교육대학원 선임연구원으로 의학 교육 프로그램 석사과정 공동 책임자. 와튼 책임자 교육 프로그램과 최고 학습 관리자 박사학위 프로그램에서 강의하며 행동 코치로 활동하고 있다.

우리는 금융, 교육, 제약, 의료 등 각양각색의 산업 분야 리더들에게 이런 이야기를 늘 듣는다.

"직장에서 감당해야 하는 어처구니없는 상황에 진저리가 납니다. 부하직원들과 동료들이 옹졸한 데다 편 가르기에 멍청하기까지 해서 정말 참기 힘들어요. 스트레스가 쌓여서 터지기 일보 직전입니다."

스트레스는 행복 암살자다. 직장에서 불행을 견디기에 당신의 삶은 너무 짧다.

우리의 코칭 및 컨설팅에서 "예전에는 제 직업을 좋아했지만 지금은 더 이상 어떤 가치가 있는지 잘 모르겠어요"라고 이야기하는 리더 수가 급증했다. 이들은 고질적이고 극심한 스트레스로 감정을 모두 소진하고 사람을 신뢰하지 못하는 번아웃 상태가 됐다.

공감의 힘

왜 스트레스를 받는 리더가 증가하고 있을까? 주요한 원인은 불확실한 세상과 끊임없이 변화하는 조직이다. 많은 사람이 그 어느 때보다 과로에 시달리고 있다. 직장과 가정의 경계는 흐릿하거나 사라졌다. 상사와 동료들과의 관계에서 생겨나는, 짜증 나고 가끔은 치명적이기까지 한 갈등은 끊임이 없다. 이런 상황에서 좋은 성과와 건강한 삶을 유지하기는 어렵다. 업무가 부담스럽게 느껴진다. 번아웃이 눈앞에 들이닥치고 있다. 직장에서 행복을 찾는 일은 손톱만한 가능성조차 보이지 않는다.

하지만 주목할 만한 소식이 있다. 어떤 사람들은 이런 상황에서도 번아웃을 겪지 않는다. 직장에서 어려움을 마주

하면서도 계속 앞으로 잘 나아간다.

비결이 무엇일까? 답은 '공감'에서 찾을 수 있다. 공감은 스트레스를 강력하게 조절하는 감성지능 역량이자 '행동하는 연민'이다. 누군가에게 공감할 때는 그의 필요, 욕구, 관점을 이해하고자 노력하게 된다. 삶을 참되게 살아가려는 사람들의 진정한 고민을 느끼고 표현하며 그에 따라 행동한다.

의료 서비스업에 종사하는 임원급 리더를 대상으로 한 칸디 윈스의 연구에서 이 사실을 확인했다.[1] 직장에서의 극심한 만성 스트레스에 대처하는 방법을 조사했더니 연구 대상의 91퍼센트가 공감을 표현해서 자신의 감정에 매몰되지 않고 다른 이들과 교감하는 것이라고 답했다.

다른 연구도 이와 같은 결론을 내놓았다. 생리학적으로, 공감을 표현하는 것은 우리를 진정시키는 단기적 효과와 지속성을 강화하는 장기적 효과가 있다.[2] 이는 우리 몸을 안정시키고 에너지를 저장하는 부교감 신경계를 자극하며, 몸을 긴장 상태로 만드는 교감 신경계의 활동으로 인한 스트레스 반응을 반전시킨다. 즉, 공감은 타인뿐만 아니라 자신에게도 이롭다.

두 연구를 기반으로 우리는 번아웃에서 벗어나게 해주는 두 가지 습관을 발견했다. 첫 번째는 자기 공감을 실천하는 것이고 두 번째는 공감을 나누는 것이다. 두 습관으로 인간관계에서의 태도를 바꾸고 나 자신은 물론 상대방까지 모두 이점을 누릴 수 있다.

자기 공감을 실천하라

진심으로 스트레스에 대처하고 싶다면 영웅이 되려 하지 말고 자신에게 관심을 가지고 자기를 돌봐야 한다. 자기 공감은 다음 세 가지 행동을 뜻한다.

- 첫 번째, 나와 내가 직장에서 감정적, 신체적, 지적으로 겪는 경험을 진심으로 이해하려 노력한다.
- 두 번째, 상처받지 않으려고 마음의 문을 닫는 대신에

나를 돌본다.

- 세 번째, 나에게 도움이 되도록 행동한다.

자기 공감을 실천하는 방법은 두 가지가 있다.

첫째, 무리해서 일하려는 욕구를 통제하라. 직장에서 압박을 받으면 우리는 최선을 다하기 위해 시간을 더 들여서 일하려는 충동을 느낀다. 하지만 무리해서 일하겠다는 생각은 함정일 뿐 해결책이 아니다.

일을 더 많이 하고 더 오래 들여다본다고 문제가 해결되는 경우는 거의 없다. 그 과정에서 스트레스가 쌓여 일을 어그러트리기 마련이다. 타인이나 내 앞에 놓인 문제를 살필 여유가 사라질 뿐만 아니라 살필 시도조차 하지 않으며, 이런 상황을 모른 채 지나가면 적어도 타인의 간섭에 휘말리지 않고 내가 맡은 일은 해낼 수 있으리라 생각한다. 그래도 아무런 변화도 일어나지 않거나 상황이 더 나빠지면 그만둬버린다. 그렇게 악순환에 빠진다. 지나치게 일에 얽매이면 스트레스가 늘어나고 그 결과 고립된다. 결국 포기하면 스트레스가 더 많이 쌓인다. 그러니 스트레스를 받았을 때는 그 일에 시간을 더 들이지 말고 자신을 회복시킬 방법을 먼저 찾아라. 운동이나 명상, 사랑하는 사람과 시간 보내기 등이 있을 것이다. 감히 또 하나 제안하건대, 좀 더 자면 어떨까?

둘째, 자책하지 마라. 실패하거나 기대한 만큼 결과를 얻지 못했을 때 자신을 극한으로 몰아붙여 스트레스가 쌓이는 경우가 있다. 살아 숨 쉬고 느끼는 사람인 나를 돌봐야 한다는 생각을 놓친다. 자책하는 대신 내가 어떤 감정을 느끼는지 깨닫고 다른 사람도 같은 상황에 있었다면 비슷한 감정을 느꼈으리라고 생각하며 너그럽게 자신을 용서하자. 강박에서 자기 공감으로 태도를 바꾸면 회복탄력성이 강화한다.

공감을 나눠라

자기 공감을 실천하다 보면 타인에게 감정적으로 다가갈 준비가 된다. 하지만 현실의 직장에서는 공감이 일상적이지 않다. 오히려 공감이 부족해 다른 사람을 비인격적으로 대하기도 한다. 이는 번아웃으로 감정이 소진됐을 때 흔히 일어나는 일이다. 직장 생활에서 공감을 실천하는 몇 가지 방법을 소개한다.

좋아하는 직장 동료와 우정을 쌓아라. 아마 대부분 직장 동료와 친구로 지낼 수 없는 이유를 10여 개 정도는 술술 읊을 수 있을 것이다. 하지만 직장에서 진심으로 인간관계를 맺고 우정을 나누는 것은 정말 중요하다. 인간발달에 관한 가장 오래된 종단연구이자 1938년에 시작해 현재까지도 진행 중인 하버드대학교 성인발달연구에 따르면, 건강, 참된 삶, 행복을 얻기 위해서는 따뜻한 인간관계가 필요하다고 한다.[3] 또 다른 연구에서는 다른 사람을 돌보거나 다른 사람에게 돌봄을 받으면 혈압이 낮아지고 면역이 높아져 전반적으로 더 건강해진다고 한다.

사람을 그 자체로 소중하게 여겨라. 앞서 한 리더가 언급한 '어처구니없는 상황'은 흔히 의사소통 오류나 오해에서 비롯된다. 많은 사람이 직장에서 다른 사람이 실제로 하는 말을 듣지 않고 편견이나 고정관념에 의거해 듣고 싶은 대로 듣는다. 그러면 타인을 이해하거나 그와 소통하는 것이 어려워진다. 또 아무 의미 없는 스트레스만 늘어난다. 이렇게 되지 않으려면 사람들에게 관심을 가져야 한다. 스스로 물어보자. '어떻게 하면 이 사람이 무슨 생각을 하는지 알 수 있을까?' 타인의 신뢰를 얻을 수 있도록 편견 없이 들으면 스트레스는 줄어들고 그들에 대한 영향력은 커진다.

다른 이의 성장을 도와라. 리처드 보이애치스Richard Boyatzis, 멜빈 스미스Melvin Smith, 알림 베버리지Alim Beveridge의 연구에 따르면 다른 사람을 지도하는 행동은 신체적으로 치유 및 발달의 과정을 회복시키며 정신생리학적으로 활력을 증진하는 긍정적인 효과를 준다고 한다.[4] 다른 사람의 발전에 관심을 가지면 자신의 생각에 몰입하는 경향도 감소해 스트레스와 번아웃을 줄일 수 있다.

고객, 의뢰인, 환자 중심으로 대화하라. 동료와 의견이 일치되지 않아 갈등을 겪는다면 목표 대상의 필요를 중심에 두고 대화할 수 있는 장소로 이동해보자. 윈스의 연구에 참여한 한 의료 총책임자CMO, Chief Medical Officer는 말기 암 환자의 치료 계획을 두고 두 의사와 격렬한 논쟁을 벌이며 스트레스를 받은 경험을 회고했다. 그들은 회의실에서 아무런 결정도 내리지 못한 채 같은 논의만 반복하고 있었다. 판단력이 흐려지고 스트레스만 쌓이자 CMO는 환자의 병실에서 대화해보자고 제안했다. CMO는 환자의 손을 잡고 침대 한 편에 앉았다. 다른 두 의사도 환자의 다른 쪽 손을 잡고 침대의 반대편에 앉았다. 이번에는 온전히 환자를 중심에 두고 다시 이야기를 나눴다. CMO는 "우리는 매우 다른 분위기로 대화했습니다. 모두 침착했어요. 덕분에 모두 같은 입장이라는 사실을 깨달았고 서로 교감할 수 있었습니다. 장소 옮기기는 스트레스 수준을 낮추는 데 매우 효과적인 방법이었습니다"라고 회상했다.

공감과 연민으로 스트레스를 관리할 때 한 가지 주의할 점이 있다. 공감과 연민은 스트레스에 대항하는 강력한 힘이 될 수 있다. 하지만 너무 지나치게 타인에게 공감하다 보면 힘들어질 수 있다. 감정이 소진되고 연민이 부담스러워지며 오히려 스트레스가 더 많이 쌓이는 '공감 피로 증후군'을 겪는다. 따라서 자신의 한계에 세심한 주의를 기울여야 하고 이를 통제하기 어렵다면 지나친 연민을 조절할 전략을 개발해야 한다.

그럼에도 공감 습관은 도전할 만한 가치가 있다. 자신에게 관심을 두면 다른 이들에게도 관심이 생긴다. 이 과정에서 자신은 물론 동료와도 서로 돕고 지지하며 함께 성장과 발전을 이루도록 노력하게 될 것이다.

공감은

스트레스를 강력하게 조절하는

감성지능 역량이자

'행동하는 연민'이다.

Harvard
Business
Review

4

행동과 보상을 다시 살펴보라

나쁜 습관과 이별하는 방법

2019년 12월 5일 hbr.org에 실린 내용을 편집(product #H05B0D)

이 글의 저자

주드 브루어Jud Brewer

불안 및 습관 변화 전문 중독정신과 의사이자 신경과학자. 브라운대학교 공중보건 및 의과대학 부교수, 디지털 건강 기업 셰어케어Sharecare 최고 의료 책임자를 역임하고 있다. 《불안이라는 중독Unwinding anxiety》과 《크레이빙 마인드The Craving Mind》를 썼다.

습관을 끊어내기는 어렵다. 우리는 이 사실을 잘 알고 있다. 다이어트에 또다시 실패하거나, 이미 제출 기한을 넘긴 프로젝트를 두고 인스타그램의 새로운 피드를 들여다보고는 한다. 이런 현상은 인류 초기부터 생존을 위해 형성된 두뇌의 '보상 기반 학습' 시스템을 우리를 갈망하고 열중하게 만드는 자극들이 끊임없이 방해해서 일어나는 경우가 많다.

보상 기반 학습이란 '촉발 인자(배고프다)'와 이에 따라 발생하는 '행동(음식을 먹는다)'과 '보상(포만감을 느낀다)'의 상호작용을 말한다. 우리는 기분이 좋아지는 행동은 더 하고 싶어 하고 기분이 나빠지거나 스트레스를 받는 행동은 덜 하고 싶어 한다. 촉발 인자-행동-보상이라는 세 가지 요소는 담배를 피울 때나 컵케이크를 먹을 때도 항상 작동한다. 다양한 상황 중에서도 특히 일을 할 때 잘 나타난다. 과중한 업무 부담을 낮추려고 보상을 강화하다가 결과적으로 건강하지 않은 습관이 생기는 것이 그 예다.

도대체 왜 우리는 자신을 통제해서 나쁜 습관을 좋은 습관으로 바꾸지 못할까? 예일대학교와 여러 기관의 연구에 따르면 스트레스와 같은 촉발 인자가 발생했을 때 전두엽 피질과 같이 자제력과 연관된 두뇌 연결망이 가장 먼저 비활성화된다고 한다. 그러나 자제력의 역할을 강조하는 '자제력 이론'은 수십 년간 널리 전파됐다.[1] 나 역시 의과대학에서 환자들에게 자제력이라는 허울 좋은 방법을 권하라고 배웠다.

"살을 빼야 해요? 그러면 즉석 식품을 먹지 말아야죠. 금연하시려고요? 당장 담배를 끊거나 니코틴 대체제를 사용하세요."

하지만 의사가 되고 직접 일해보니 이 방법은 현실적으로 효과가 없다는 사실을 금방 알게 됐다.

자제력 이론은 보상 기반 학습이 행동보다는 보상에 기

반을 둔다는 아주 중요한 사실을 놓쳐버렸다. 얼마나 보상받는지에 따라 앞으로 그 행동을 얼마나 반복할지가 결정된다. 이런 까닭에 자제력으로 습관을 끊어내려고 하면 대부분 실패한다.

20년 이상 나는 임상 실습을 포함해 다양한 방법으로 습관을 연구했다. 습관이 형성되는 과정에 관한 행동신경과학 이론과 습관을 다루는 최선의 방안을 탐구하며 의외의 곳에서 해답을 찾았다. 바로 '마음챙김'이다.

보상을 다시 살펴보라

마음챙김은 우리의 행동을 강화하는 보상이 무엇인지 알려준다. 또 부정적인 행동을 유발하는 나쁜 습관을 끊어내는 데도 유용하다. 마음챙김을 활용해 그만두고 싶은 행동에 따른 보상을 긍정적으로 인식하는 대신 부정적으로 인식하게 바꿀 수 있다.

예를 들어 나는 금연 프로그램에 참여한 사람들에게 담배를 피울 때 그 행동에 집중해보라고 말한다. “담배가 생각날 때 사탕을 드세요” 같은 말을 예상했던 참가자들은 이 말을 들으면 매번 당혹스러워하며 나를 쳐다본다. 하지만 미래 행동을 유발하는 요인은 행동 그 자체가 아니라 보상이라는 점에 착안해 참가자들이 담배를 피우는 동안의 맛과 느낌에 집중하도록 했다. 참가자들이 보상의 가치를 재인식하거나 긍정의 정도를 재확인함으로써 나쁜 습관을 떨쳐버리게 만들려는 목적이다.

보상의 가치가 높을수록 행동을 반복할 가능성도 커진다. 반면 자신의 기억에 비해 보상의 실제 만족도가 낮으면 습관에 대한 보상의 가치가 줄어든다. 나는 이 사실을 여러 번 확인했다. 그 예로 한 상담자는 10대 시절 담배를 피우는 자기 모습이 멋지다고 생각했다. 어른이 되면서 그런 생각은 사라졌지만 상담자의 두뇌는 여전히 긍정적 감정과 흡연을 연관시켰다. 즉, 그 상담자에게 흡연의 보상 가치는 높은 편이었다. 상담자는 담배를 피우는 것 자체에 집중해보라는 나의 요구에 따랐고 담배의 메스꺼운 맛을 느끼게 됐다. 그는 이렇게 말했다.

"담배에서 지독한 치즈 냄새가 나고 화학약품 같은 맛이 나요, 웩!"

이 경험으로 상담자의 두뇌에서 보상의 가치가 바뀌었다. 그 상담자는 10대 시절이 아니라 '현재' 담배를 피울 때 어떤 느낌이 드는지 정확하게 인지했고 담배에 대한 환상을 깰 수 있었다.

이 방법이 얼마나 효과적인지 확인한 뒤 나는 실험을 더욱 확대했다. 우리 연구팀은 3~4주 동안 짧은 강의를 들으며 마음챙김 훈련을 할 수 있는 앱을 세 가지 개발했다. 이를 통해 흡연, 과식, 불안[신기하게 불안도 흡연, 과식과 같은 '습관 고리(습관을 만드는 보상 기반 학습)'를 가지고 있다]과 같은 나쁜 습관을 떨칠 수 있게 설계했다.[2]

전 세계에서 수만 명이 앱을 사용했고, 우리 연구팀은 임상적으로 의미 있는 결과를 이끌어낸 중요한 연구를 몇 가지 발표했다. 임상적으로 효과가 있다고 인정받은 기존 치료법에 비해 앱 이용자의 금연율은 다섯 배 높았으며 식탐으로 생긴 식사량은 40퍼센트 감소하고 불안감은 63퍼센트 감소했다.[3] 최근에는 무작위 대조시험으로 이용자들이 금연용 마음챙김 앱을 이용해서 흡연이나 초콜릿에 대한 욕구가 생겼을 때 지나치게 활성화되는 두뇌 영역을 잘 조절하는 방법까지 학습했다는 사실을 알게 됐다.[4]

나는 주로 건강 관련 습관을 집중적으로 연구했지만 보상의 가치를 재설정하는 전략은 업무 습관과도 상당히 관련이 있다. 자신의 성장을 저해하는 습관을 이겨내고 생산성, 업무 의욕, 성과 전반을 높이는 데 이 전략을 사용할 수 있다. 그 방법을 지금부터 소개한다.

습관 고리를 살펴보자

먼저 습관 고리를 살펴보자. 외래 환자들에게도 하는 말이지만, 어떤 습관이든 상관없이 나쁜 습관을 지우는 첫 번째 단계는 촉발 인자를 알아내는 것이다. 예를 들어 업무 미루기나 스트레스성 폭식을 습관으로 갖고 있다면 그 행동을 하고 있을 때 자신의 상황을 살펴보자. 피하고 싶은 큰 프로젝트가 있는가? 감당해야 할 일이 너무 많은가?

촉발 인자를 확인했다면 그 상황에 관여한 행동을 파악해보자. 일은 하지 않고 SNS를 확인하고 있는가? 어려운 업무가 있으면 달콤한 간식으로 손이 가는가? 보상의 가치를 평가하기에 앞서 마음의 안정이나 평안을 얻고자 습관적으로 하는 행동을 명확하게 알아내야 한다.

그 행동으로 얻는 실제 결과를 확인하라

다음 단계로 행동과 결과를 명확하게 연결한다. 앞서 담배를 끊으려 애쓰던 환자 이야기를 기억하는가? 내가 그에게 담배 피우는 행동에 집중하라고 했듯이 습관적인 행동을 할 때 느껴지는 감정에 집중해보자.

스트레스가 쌓일 때 몸에 좋지 않은 음식을 먹는 것이 습관이라면, 배고프지 않을 때 그 음식을 먹으면 어떤 느낌이 드는가? 먹는다는 실질적 행동이 일어나고 15분 후에 몸과 마음은 어떤 영향을 받을까? 미루기가 습관이라면, 인터넷을 뒤져서 귀여운 강아지 사진을 찾아볼 때 무엇을 얻는가? 그 행동이 해야 할 일을 마치는 데 아무 도움도 되지 않는다는 것을 깨닫는 순간 얼마나 보람을 느끼는가?

이 질문들에 대한 답을 기억하고 마음을 굳게 다지도록 기록해놓자. 이런 방법으로 새로운 인식을 개발하면 두뇌는 당신이 버리고 싶은 습관의 보상 가치를 정확한 정보로 변경하게 된다. X 행동이 Y 결과로 이어지는 과정과 Y 결과가 당신의 잠재력을 최대치로 발휘하지 못하게 방해한다는 사실을 확인할 수 있다.

보상 대신 호기심을 찾아라

지속 가능하고 긍정적인 습관을 만드는 마지막 단계는 기존 행동보다 더 보람 있는 새로운 보상을 찾는 것이다. 두뇌는 항상 더 크고 좋은 보상을 찾기 때문이다.

가령 직장에서 스트레스를 받으면 폭식을 하는 나쁜 습관을 고칠 때 의지력은 그다지 도움이 되지 않는다. 부정적인 감정을 잠재우기 위해 사탕을 먹는 대신 그 감정을 애초에 왜 이런 행동을 하게 됐는지, 이 행동으로 몸과 마음이 어떤 느낌을 받는지 등과 같은 호기심으로 바꿔보면 어떨까?

이때 호기심의 보상 가치(마음을 살피는 행동)는 스트레스성 폭식의 보상 가치(마음을 숨기는 행동)와 확연히 다르다. 결과적으로 호기심은 습관적으로 나쁜 행동을 하고 나서 후회를 느낄 때보다 기분을 더 좋게 만들어준다.

나는 환자들에게 이런 호기심을 활용할 수 있도록 간단한 만트라 명상을 가르친다. 만트라 명상에서는 '후-움' 하고 소리로 길게 호흡한다. 이처럼 다양한 방법으로 자신의 감정에 호기심을 가져보자. 나쁜 습관으로 갈망을 채우기 전, 즉 처음 갈망이 생겼을 때 어떤 감정을 느꼈는가?

사람들은 보통 갈망이 신체적 감각과 생각으로 만들어지며 잠시 왔다 사라지는 것이라는 사실을 꽤 빠르게 깨닫는다. 호기심을 가지면 갈망에 따라 행동하지 않고도 그 감각을 확인할 수 있게 된다. 다시 말해 순간순간 몸과 마음에서 일어나는 생각과 느낌에 집중하고 그 감정을 하나씩 확인하면서 갈망이 조용히 지나가도록 감정의 파도를 타고 넘어가는 것이다.

마음챙김으로 나쁜 습관 극복하기

나쁜 습관에 빠진 자신을 또 발견한다면 그때는 잠시 멈춰서 마음챙김 훈련으로 그 습관을 극복하라. 바로 변화가 일어나지 않더라도 계속 훈련하라. 여기에서 제안한 방법으로 당신의 마음을 직접 풀어낸다면 원치 않는 습관에서 벗어날 뿐만 아니라 왔다가 사라지는 갈망을 평온하게 지켜볼 수 있을 것이다.

이 방법이 당신에게 잘 맞을지 궁금하다면 지금 실행해 보자.

Harvard
Business
Review

5

바쁠수록 일상의 습관에 집중하라

습관의 네 가지 영역

2019년 5월 28일 hbr.org에 실린 내용을 편집(product #04YTE)

이 글의 저자

재키 콜먼 Jackie Coleman

결혼 상담가였으며 조지아주에서 교육 프로그램과 관련한 일을 했다.

존 콜먼 John Coleman

자기계발 칼럼니스트. 《목적바라기: 방황하는 어른을 위한 삶의 의미HBR Guide to Crafting Your Purpose》를 썼고 《열정과 목적Passion and Purpose》을 공동으로 썼다. 무료 뉴스레터 <온 퍼포즈On Purpose>를 운영 중이다.

8개월 전 우리는 셋째 아이를 맞이했다. 그간 우리는 직장 생활, 스트레스 관리, 커플의 연간 일정 계획에 이르기까지 일상을 현명하게 다루는 방법에 관한 글을 써왔다. 따라서 삶에서 경이롭지만 뜻밖에 일어나는 이런 일에도 준비가 돼 있을 거라고 생각할지도 모른다. 하지만 이런 상황을 잘 설명하는 마이크 타이슨Mike Tyson의 재치 넘치는 명언이 있다. "누구나 그럴싸한 계획이 있다. 얻어터지기 전까지는."

우리에게 지난해는 철저히 우선순위에 따르는 시간이었다. 울며 겨자 먹기로 중요하지만 시급하지 않은 일들은 줄이고 우선순위를 구분하고 해야 하는 일을 끊임없이 최적화했다.

살다 보면 철저히 우선순위대로 움직일 수밖에 없는 상황에 놓이곤 한다. 직장을 옮기거나 편찮은 부모님을 돌보거나 전근을 가거나 심각한 질병을 진단받는 등 혼돈은 순간에 몰입하고 건강한 삶을 유지할 수 없게 만든다. 향후 몇 년은커녕 몇 달도 예측할 수 없게 만들기도 한다. 물론 장기 목표는 중요하다. 하지만 삶에서 가장 치열한 순간에 혼란을 맞닥뜨리면 장기 목표에 대한 집중력을 유지하기가 어려워진다.

장기 목표에 맞춰 조정한 매일, 매주의 습관이 있다면 앞날을 보장하기 어려운 상황에서도 제자리를 지킬 수 있다. 또 평소와 다르게 불안정해진 시기에도 안정감을 가질 수 있다. 우리 부부에게는 각자 생활을 체계화하고 정신적, 육체적 건강을 유지하며 우리가 생각한 삶의 방식을 지키기 위해 규칙적으로 실천하는 습관들이 있다. 이런 행동은 언제나 중요하다. 가장 바쁘고 혼란스러운 시기에는 더욱더 그렇다.

습관을 단순화하라

규칙적인 습관을 유지하는 첫 단계는 그 습관을 분명하게 정의하고 추적하는 것이다. 이때 핵심은 습관을 단순하게 유지해야 한다는 점이다. 하루, 한 주 동안 생활을 유지하려면 꼭 해야 하는 일 다섯 가지에서 열 가지 정도는 무엇일까? 그 일들을 기록해서 추적해보자.

'모멘텀The Momentum'이라는 앱을 예로 들면, 손쉽게 일일, 주간 습관을 설정하고 잊지 않게 알려준다. 다른 방법도 많다. 간단히 엑셀 스프레드시트나 종이에 일정표를 작성할 수도 있다. 중요한 점은 건전한 습관을 고민하고 기록해서 의무감을 만드는 일이다.

습관의 네 가지 영역

습관을 설정할 때는 네 가지 핵심 영역을 구분해야 한다.

첫 번째 영역은 '개인적 성찰'이다. 이것은 사람마다 다르다. 우리 가족은 종교가 있기에 기도와 성경 공부가 이 영역에 해당된다. 물론 종교와 관련 없는 행동도 여기에 속할 수 있다. 일기 쓰기, 아이들의 기상천외한 재담 기록하기, 살아가며 몇 번이고 마주하는 감사한 순간들을 기록하는 감사 일기 쓰기 같은 습관도 포함된다. 연구에 따르면 이런 습관은 사건을 더 잘 처리하고 좋은 경험에서 얻은 즐거움을 간직하게 해준다고 한다.

두 번째 영역은 '직업적 성찰'이다. 예를 들어 수년간 우리는 직업적으로 동일한 행동 패턴을 유지했다. 일요일 저녁에 책상에 앉아 몰스킨 위클리 플래너를 펼치고 그 주의 가장 중요한 회의와 우선순위를 정리한다. 한 주가 시작되면 존은 매일 아침 플래너에서 그날 끝내야 하는 일들의 우선순위를 기록한 페이지에 메모지를 꽂는다.

이런 행동은 당장 눈에 띄는 시급해 보이는 일보다는 정말 중요한 일에 집중할 수 있게 한다. 그리고 새로운 업무가 생겼을 때 우선순위를 손쉽게 정할 수 있도록 일을 체계화한다. 이렇게 매일 우선순위와 해야 할 일을 간단히 되짚어보면 생산성과 집중력이 눈에 띄게 달라진다.

세 번째 영역은 '관계를 연결하고 유지하는 일'이다. 개인이 잘 살아가려면 관계를 중심에 둬야 한다는 사회과학 연구들이 있다. 이처럼 인간관계의 우선순위를 정하고 관리하는 일은 중요하다. 요즘 우리가 집중하는 가장 중요한 관계는 아이들과의 관계, 부부 간의 관계다. 우리는 매일 잠들기 전에 아이들과 함께 책을 읽거나 그날 일어난 이런저런 일들을 이야기하며 온전히 시간을 보낸다. 우리 부부는 매일 대화하는 시간을 가지려 하고 한 주에 한 번 정도는 아이들 없이 외출하기도 한다. 또 각자 한 주에 한 번 정도는 잠깐이라도 친구 한두 명과 만나는 시간을 갖는다. 이런 사소한 습관이 인간관계와 정서 건강에 매우 큰 영향을 준다.

마지막 영역은 '신체와 정신을 건강하게 만드는 일'이다. 적어도 한 주에 이틀 운동하는 사람은 그렇지 않은 사람보다 더 행복하며, 운동하는 날이 늘어날수록 행복도 더 커진다는 연구 결과가 있다. 운동을 적게는 20분만 해도 기분

이 좋아지고 중량 운동을 11분만 해도 신진 대사율이 향상된다고 한다.[1]

정신 건강에는 명상이 좋다. 매일 명상을 하면 어수선하고 불안정한 시기에도 어느 정도 질서와 안정을 회복해 어려움을 극복할 수 있다. 이때 명상 앱을 활용하면 수월하게 명상 습관을 만들 수 있다. 한편 우리 부부는 매일 30분씩 독서나 글쓰기를 하는데 이 간단한 행동이 정신 건강에 좋다는 사실은 과학적으로도 증명됐다.[2]

사람마다 살아가는 방식은 다르다. 하지만 바쁘고 어수선하고 스트레스 받는 시기를 모두 한 번쯤 겪는다. 그런 시기가 닥쳤을 때 매일 또는 매주 실행하는 단기 습관을 활용해 자신에게 집중한다면 장기적인 목표를 이룰 수 있다.

장기 목표에 맞춰 조정한

매일, 매주의 습관이 있다면

앞날을 보장하기 어려운 상황에서도

제자리를 지킬 수 있다.

또 평소와 다르게 불안정해진 시기에도

안정감을 가질 수 있다.

Harvard
Business
Review

6

해야 할 일과 소요 시간을 함께 생각하라

생산성을 높이는 타임박스 작성법

2018년 12월 12일 hbr.org에 실린 "타임박스는 어떻게 작동하고 우리의 생산성을 높이는가How Timeboxing Works and Why It Will Make You More Productive"를 편집(product #H04P5Z)

이 글의 저자

마크 자오-샌더스Marc Zao-Sanders

컨설팅과 기술을 결합해 역량을 강화하고 사업 변화를 이끄는 필터드 닷컴filtered.com의 대표이자 공동설립자

몇 년 전 예일대학교 로스쿨 교수 대니얼 마코비츠Daniel Markovitz의 "비효율적인 투 두 리스트to do list"라는 글을 읽었다. 투 두 리스트를 일정표로 전환하는 방법에 관한 글이였다. 그날 이후 내 생산성은 최소 두 배는 높아졌다.

마코비츠의 글은 투 두 리스트에 얽힌 다섯 가지 문제를 해결한다. 첫째, 투 두 리스트는 선택지가 너무 많아서 막연하다. 둘째, 달성하기 쉬운 더 단순한 일에 끌리기 마련이다. 셋째, 학습 시간을 계획하는 일처럼 중요하지만 시급하지 않은 일에는 거의 끌리지 않는다. 넷째, 투 두 리스트 자체는 시간과의 연관성이 부족하다. 다섯째, 리스트를 따르게 강제하는 장치가 없다.

나는 그때까지 신념처럼 지켜왔던 투 두 리스트를 '타임박스(프로젝트를 작은 단위로 관리하는 '애자일 방법론'에서 따온 용어로 고정된 시간별로 일과를 정리하는 계획법)'로 바꿨다. 그러자 마코비츠가 비평했던 투 두 리스트의 다섯 가지 문제점이 모두 명확하게 보였다.

타임박스의 다섯 가지 장점

생산성과 관련한 글 100개를 연구한 자료는 타임박스가 가장 유용하다고 평가했다.[1] 그리고 최근 몇 년간 나는 타임박스의 이점을 몇 가지 추가로 발견했다.

첫째, 달력에 타임박스를 기록하면 일의 순서를 파악할 수 있다. 홍보 영상을 화요일에 방송해야 하고 제작팀이 자료를 편집하는 데 72시간이 필요하다는 사실을 안다면, 타임박스를 어떻게 설정해야 하는지도 알 수 있다. 사실 우리는 타임박스를 일정 중 어디에 둬야 하는지 알고 있다. 타임박스는 가시적이고 직관적이며 명확하다. 열심히 일하고 최선을 다하는 것이 때로는 진짜 필요한 행동이 아닐 수 있다. 그보다는 적절한 시간에 적합한 일을 끝내는 것이 모두에게 더 나은 결과를 가져온다.

둘째, 타임박스를 사용하면 의사소통과 협업을 더 효과적으로 할 수 있다. 중요한 일(아니면 그냥 모든 일과 기한)을 동료와 함께 일정표에 기록하면 다른 사람의 일정을 고려해 내 일정을 계획할 수 있을 뿐만 아니라 다른 사람도 내 일정을 확인해 본인의 일정을 조정할 수 있다. 마이크로소프트Microsoft나 구글Google에서도 사생활 보호 기능이 있는 공유 일정표를 사용할 만큼 많은 기업이 타임박스를 선호한다.

셋째, 완료한 일 역시 알기 쉽게 기록할 수 있다. 몹시 힘들었던 한 주를 보내고도 무슨 일이 있었는지조차 모르는 경우가 있다. 이럴 때 타임박스를 찾아보면 내가 과거에 한 일을 알 수 있다.

성과 검토 기한이 다가오는데 지난 6개월간 얻었던 가장 큰 성취와 실패가 무엇인지 기억나지 않는다고? 일정표에서 찾을 수 있다. 한 시간 안에 다음 주 일정을 계획하고 당장 해야 할 일이 무엇인지 알고 싶다면? 역시 일정표에서 찾을 수 있다. 회사 양식에만 의존하지 말고 자신이 유용하다고 생각하는 방식으로 자료를 관리하자. 그러지 않으면 결국 일정표를 기록하지 않게 된다.

넷째, 일상을 더 잘 통제하고 있다고 생각하게 된다. 이것은 자기 의지, 자율성 등으로 불리는 '통제'가 직장 생활의 행복을 이끄는 가장 큰 요소라는 점에서 특히 중요하다.[2] 외부 요인에 끊임없이 간섭받으면 행복감과 생산성이 낮아진다.[3] 타임박스를 설정하면 이런 상황에 적절하게 대응할 수 있다. 무엇을 언제 할지를 직접 결정하고 타임박스를 설정한 기간에는 방해물을 차단하고 그 일을 완료하면 된다. 당신의 일과를 통제하고 성과를 입증할 수 있다는 점이 매력적으로 느껴지지 않는가? 이런 방식은 생산성, 즉 외부적인 요소뿐만 아니라 의지와 느낌, 즉 내부적이고 본능적인 요소에도 장점을 가져온다.

다섯째, 생산성이 상당히 높아진다. '파킨슨의 법칙'

은 사용할 수 있는 시간을 모두 채울 때까지 일은 늘어난다는 익살맞은 법칙이다. 이는 실제로 법칙이라기보다는 관찰한 내용을 풍자한 말에 가깝지만 대개 직장에서는, 특히 회의 시간에 이 말은 사실이 된다. 실제로 필요한 시간보다 보통 더 많은 시간을 사용하며 그 일에 시간이 얼마나 오래 걸릴지(객관적 요인)보다는 사용할 수 있는 시간이 얼마인지(상황적 요인)에 영향을 받기 때문이다.

타임박스를 설정하면 시간을 합리적으로 제한하고 계획한 시간을 지킴으로써 파킨슨의 법칙에서 벗어날 수 있다. 모든 시간 관리법의 이점이나 생산성을 정확하게 정량화하기는 어렵지만 생산성 강화의 측면에서 타임박스는 확실히 효과가 크다. 한 시간이면 집중해서 끝낼 일을 질질 끌다 보니 두 시간에 걸쳐 끝낸 적이 있지 않은가? 만약 그렇다면 타임박스를 사용할 때 생산성이 두 배가 될 수도 있다.

지금 당장 시작해보자

타임박스로 일정을 기록하면 매우 강력하고 다양한 장점을 경험할 수 있다. 타임박스는 우리가 느끼는 방식(통제), 개별적인 성과(개인 생산성), 팀의 성과(강화된 협업)를 향상한다. 타임박스는 현대인에게 꼭 필요한 기술이다. 다른 성과를 낼 시간을 많이 확보해줄 뿐만 아니라 간단하고 비용도 들지 않기 때문이다. 지금 당장 당신에게 필요한 시간을 타임박스에 정리해보자.

열심히 일하고 최선을 다하는 것이

때로는 진짜 필요한 행동이 아닐 수 있다.

그보다는 적절한 시간에

적합한 일을 끝내는 것이

모두에게 더 나은 결과를 가져온다.

Harvard
Business
Review

7

1초의 차이가 실패와 성공을 가른다

마음의 안전장치를 만드는 다섯 가지 습관

2017년 1월 18일 hbr.org에 실린 "모든 일에 대응하는 방식을 영리하게 바꾸는 하루 10분 마음챙김Spending 10 Minutes a Day on Mindfulness Subtly Changes the Way You React to Everything"를 편집(product H03EGU)

이 글의 저자

라스무스 호가드Rasmus Hougaard

수백 개 기관과 협력하는 리더십 및 조직 개발 연구기관 포텐셜 프로젝트Potential Project의 설립자이자 대표. 《공감 리더십Compassionate Leadership》, 《성공을 부르는 리더의 3가지 법칙The Mind of the Leader》을 공동으로 썼다.

재클린 카터Jacqueline Carter

포텐셜 프로젝트 수석 파트너이자 북미지역 이사. 글로벌 기업 리더들과 함께 잠재력을 높이고 다양한 일자리를 창출하는 일을 한다.

기테 뒤브크에르Gitte Dybkjaer

포텐셜 프로젝트 덴마크 이사 및 파트너. 리더십과 조직 개발 활성화 분야에서 20년 이상 근무했다. 《성공을 부르는 리더의 3가지 법칙》의 덴마크판을 공동으로 썼다.

세계 각지의 리더들은 현대 사회가 이전보다 훨씬 바빠진 탓에 자신의 리더십이 반응적인 면은 늘어난 반면 주도적인 면은 줄어들었다고 느낀다. 이런 보수적 리더십의 문제점을 마음챙김으로 해결할 수 있다.

우리는 이 마음챙김이라는 전통적인 훈련으로 수천 명의 리더가 사건이나 자극에 반응하기 전 1초간 '멘탈 공간Mental Space'을 만들도록 도왔다. 1초가 그리 길어 보이는 시간은 아닐지 몰라도 성급한 결정 탓에 발생하는 실패와 신중한 결정 덕에 향상하는 성과 간에는 차이가 있다. 그리고 이 1초는 그 차이를 만들 수 있다.

1초의 차이는 화가 치미는 대로 저지른 행동과 인내심

을 발휘한 행동의 차이이기도 하다. 1초는 우리의 마음, 정서, 세상을 이끌어간다.

마음챙김이 만드는 두뇌의 변화

한 연구에 따르면 마음챙김 훈련으로 우리 두뇌와 자기 자신, 타인, 일을 다루는 방식을 변화시킬 수 있다.[1] 이런 변화는 마음이 동작하는 체계를 완전히 바꾼다. 마음챙김을 반복적으로 훈련하면 변연계를 포함해 아주 오래전 형성된 두뇌의 반응 영역에서 가장 최근 진화한 전두엽 피질의 이성 영역으로 두뇌 활동을 전환할 수 있다.

이런 방식으로 마음챙김은 투쟁-도피 반응(생존 위협에 대한 반응으로 위험을 감지하면 투쟁과 도피 중 하나를 선택하는 반응)과 무릎반사(슬개골 힘줄을 망치로 치면 발이 앞으로 올라가는 반응)를 담당하는 두뇌 영역의 활동을 감소시킨다. 또 관리 기능을 담당하는 두뇌 영역의 활동을 증가시킨다.

관리 기능은 생각, 언어, 행동을 통제하는 데 핵심 역할을 담당한다. 이 두뇌 영역은 논리적 사고와 충동을 통제한다. 간단히 말해 관리 기능에 의지할수록 우리는 자기 마음의 주인이 될 수 있으며 더 나아가 삶의 주인이 될 수 있다.

1초로 원하는 결과를 얻거나 얻지 못할 수 있다. 반응적인 대응은 줄이고 순간에 동화되는 데는 1초면 충분하다. 그 1초에 결정하고 지시하는 방식, 참여하고 이끄는 방식을 개선할 기회가 있다. 이는 빠르게 진행되고 부담이 막중한 업무를 담당하는 리더에게 더욱 유리하게 작용한다.

1초의 차이를 만드는 다섯 가지 마음챙김 습관

지금부터 1초의 멘탈 공간을 훈련하는 다섯 가지 방법을 소개하겠다.

매일 10분 마음챙김을 훈련하자. 사람들은 대부분 마음챙김을 훈련하기에 아침이 가장 적합하다고 생각한다. 하지만 마음챙김은 아무 때나 훈련할 수 있다. 마음챙김 프로그램, 훈련 매뉴얼, 앱 등을 이용하면 된다. 하루 10분 4주 동안 훈련해보자.

오전에 가장 먼저 이메일부터 확인하는 습관을 버리자. 보통 우리 마음은 오전에 가장 집중력이 강하고 창의적이며 진취적이다. 따라서 오전은 집중력이 필요한 전략적인 일을 하고 중요한 대화를 나누는 시간이 돼야 한다. 그런데 잠에서 깨 정신이 들자마자 이메일부터 읽으면 마음이 딴 길로 새 반응적 리더십에 빠져들게 된다. 매일 이메일을 열어보는 것으로 하루를 시작한다면 매일 마음의 역량이 가장 활성화된 시간을 낭비하는 셈이다. 직장에 도착해서 자리에 앉자마자 받은 편지함을 확인하기 전에 한 시간, 아니 최소 30분 만이라도 참아보자. 그 대신 더 중요한 일을 해보는 것이다.

모든 알람을 끄자. 시도 때도 없이 울리는 핸드폰, 태블릿 PC, 컴퓨터의 알람은 반응적 리더십을 만드는 데 큰 역할을 한다. 알람은 정신을 바쁘게 만들고 압박감을 느끼게 하기 때문이다. 한 주 동안 모든 기기에서 이메일 알람이 오지 않도록 해보자. 한 시간에 한 번 또는 일에 꼭 필요한 만큼만 이메일을 확인하고, 받은 편지함에 이메일이 쌓였다는 이유로 이메일을 읽는 데 혈안이 되지는 말자.

멀티태스킹을 멈추자. 여러 가지 일을 동시에 하면 마음이 번잡해지고 전부 다 처리해야 한다는 압박을 느끼게 된다. 그러면 수동적으로 반응하게 된다. 한 번에 한 가지 업무에 집중하려고 노력하자. 그리고 다른 업무로 마음이 쏠리는지 관찰하자. 만약 그렇다면 우리 두뇌가 멀티태스킹을 하고자 한다는 신호다. 이런 신호가 느껴지면 지금 하는 업무에 더 집중하면서 머릿속에 떠오른 모든 불필요한 업무를 의식적으로 차단하자.

일정표에 적어두자. 앞의 네 가지 방법을 얼마나 잘 따르고 있는지 평가하거나 이 내용을 마음에 떠올릴 수 있도록 2주마다 이 글을 읽는 일정을 일정표에 계획하라. 동료와 함께 훈련하는 방법도 고려해보자. 서로를 평가하면서 도움을 주고 동기를 부여할 수 있다.

물론 마음챙김이 모든 문제를 해결하는 마법의 약은 아니다. 하지만 이를 통해 어떤 사건이 일어났을 때 좀 더 침착하고 능동적으로 대응할 수 있게 될 것이다. 또 반응적인 결정에 떠밀리지 않고 스스로 판단해서 무언가를 선택할 수 있게 될 것이다.

1초로 원하는 결과를
얻거나 얻지 못할 수 있다.
반응적인 대응은 줄이고
순간에 동화되는 데는 1초면 충분하다.
그 1초에 결정하고 지시하는 방식,
참여하고 이끄는 방식을 개선할 기회가 있다.

Harvard
Business
Review

8

정말 지쳤다면 건강한 습관부터 만들어라

지속 가능한 습관을 만드는 방법

2022년 4월 1일 hbr.org에 실린 내용을 편집(product #H06XNG)

이 글의 저자

엘리자베스 그레이스 손더스Elizabeth Grace Saunders

시간 관리 코치이자 리얼 라이프 이 타임 코칭 앤 스피킹Real Life E Time Coaching & Speaking의 설립자. 《돈처럼 시간을 투자하는 방법How to Invest Your Time Like Money》, 《경이로운 시간 관리Divine Time Management》를 썼다.

아무리 기운이 넘쳐도 새로운 습관을 만들기는 어렵다. 하물며 에너지가 소진됐을 때 변화를 시도하는 것의 어려움은 말할 필요도 없다. 너무 지치면 주변 상황을 정말 바꿀 수 있을지 확신이 들지 않거나 어디서부터 시작해야 할지 혼란스러울 수 있다. 습관을 개선해서 분위기를 환기하고 싶지만 의지와 동기를 끌어모으느라 아등바등하는 최악의 상황에 빠졌다면 어떻게 해야 할까?

나는 시간 관리 코치다. 나에게 코칭을 받으러 오는 사람들은 대부분 이미 지쳐 있다. 때로는 번아웃 상태로 보일 정도다. 변화하고 싶어 하지만 어떻게 시작해야 할지 모른다. 그래서 나는 그들의 상태를 존중하면서도 그대로 두지 않을 방법을 찾아야 했다.

누군가를 앞으로 나아가도록 도울 때 가장 중요한 점은 그들을 다그치지 않는 것이다. 이미 충분히 자신을 몰아세운 상태일 가능성이 높기 때문이다. 그 대신 온화하고 전인적인 접근 방식이 가장 효과적이었다. 수면, 영양 섭취, 운동으로 자신을 돌보는 기본을 지키며 다른 영역을 발전시킬 기초를 다지는 것이다.

완전히 지쳐버렸지만 변화를 원한다면 지속 가능한 습관을 만드는 방법을 소개한다.

우선 잠들자

매우 피로한 상태에서 생산성을 더 높이려면 더 많은 일을 빠르게 진행하기보다 여유를 가져야 한다. 늘 충분히 잠을 잔다면 우리 몸은 늘어지는 대신 매일 목표를 달성할 상태가 될 수 있다.

정말 피로할 때 잠을 자는 구체적인 방법이 있다. 필요한 수면 시간을 생각해보고 그 시간을 채울 수 있을 만큼 일찍 잠자리에 들자. 만약 여덟 시간 동안 자야 하고 다음 날 아침 7시에 일어나야 한다면 저녁 11시에는 불을 끄고 잠자리에 드는 것이다. 11시가 되기 30분이나 45분 전쯤 알람이 반복적으로 울리도록 핸드폰을 설정해 긴장을 풀고 잠자리에 들어야 할 시간임을 잊지 않도록 하자.

일찍 잠자리에 드는 데 익숙해졌다면 침대에 누워 숙면에 도움이 되는 일들을 시작해보자. 잠들기 한 시간 전에는 전자기기 사용하지 않기, 늦은 밤에 너무 자극적인 내용 보지 않기, 조명 밝기 낮추기 등 다양한 방법을 실행하자.

마지막으로 수면의 질을 향상하려면 일정한 시간에 일어나는 것이 중요하다. 이를 수면 습관의 첫 번째 과정으로 꼽는 사람도 많지만 사실 기상 목표 달성은 습관화의 마지막 단계다. 제시간에 잠자리에 누워 빨리 잠들면 일찍 일어나기가 그만큼 쉬워지기 때문이다. 일찍 일어나기가 습관이 되면 출근하는 날의 아침을 더 여유롭게 보낼 수 있다.

영양을 섭취하자

휴식을 충분히 취했다면 이제 다른 영역을 해결할 여력이 생겼을 것이다. 나는 수면 다음으로 에너지를 재충전하는 효과적인 습관은 간단한 영양 섭취 습관이라는 사실을 깨달았다.

그중 하나는 물 마시기 습관이다. 물 마시는 양을 늘리면 에너지가 생기고 집중력이 높아지며 피로와 불안이 줄어든다.[1] 항상 물을 담은 컵이나 병을 주변에 두는 습관을 만들자. 나는 아침 식사를 할 때 컵에 물을 채워서 일하는 동안 책상에 올려두고 마신다. 그리고 온종일 컵이 비지 않도록 물을 꾸준히 채운다. 물을 수시로 채우기가 번거롭다면 하루에 한 번만 채우면 될 정도로 커다란 물병을 사용하자.

다음으로는 영양분을 충분히 섭취하는지 생각해보자. 나를 찾아오는 몇몇 수강생은 일에 너무 몰두하거나 회의가 계속 이어져서 식사할 시간이 없다고 생각하거나 식사를 그냥 잊어버리고 만다. 당신도 마찬가지라면 간단하게 영양을 섭취할 수 있는 프로틴바 또는 단백질 음료를 구입해 책상에 항상 두자.

하루에 최소 한 번 내지 두 번 정도 식사하는 습관을 들이는 것을 목표로 삼아보자. 이 습관에 익숙해지려면 일정표나 핸드폰에 식사 시간 알람을 설정하거나 음식이 눈에 잘 띄도록 책상에 올려놓아야 할 수도 있다. 실제로 식사를 우선순위에 둔 수강생들은 에너지가 더 많이 생기고 업무가 끝난 후에도 덜 지쳤다.

움직이자

수면 습관과 영양 섭취 습관이 익숙해졌다면 이를 움직이기 습관과 합쳐보자. 언뜻 운동을 하면 에너지를 소비할 거라고 생각하겠지만 반대로 에너지를 더 얻을 수 있다.[2] 기분, 수면의 질, 집중력이 향상된다는 추가 이점도 있다.[3] 내 수강생 중 주의력 결핍 및 과잉 행동 장애ADHD가 있는 몇몇은 운동이 온종일 집중력을 유지하는 중요한 요인이라는 사실을 깨닫기도 했다.

환자 중심 서비스와 정밀 검사로 유명한 미네소타의 병원 메이오 클리닉Mayo Clinic에 따르면 한 주에 최소 세 번씩 25분간 활발한 유산소 운동을 하면 건강 전반을 향상할 수 있다고 한다. 나는 수강생에게 구체적으로 운동을 할 장소와 시간을 입밖으로 꺼내게 한다. "나는 월요일, 수요일, 금요일 오전 7시부터 7시 30분까지 체육관에서 운동하겠습니다"라고 말하게 하는 것이다.

운동 의욕을 이끌어낼 방법을 고심하고 있다면 함께 운동할 친구를 찾아보면 어떨까? 트레이너에게 수업을 받는 것도 좋다. 다른 사람의 에너지와 동기를 보며 당신도 힘을 얻을 수 있다.

격렬한 운동을 하는 것이 부담스럽다면 간단한 스트레칭이나 걷기부터 시작하는 것도 올바른 방향으로 향하는 첫걸음이다. 습관이 나의 하루에 자연스럽게 녹아들 수 있도록, '아침에 일어나서 5분 동안 스트레칭을 한다'와 같이 일상과 운동을 연관시켜 계획해보자.

습관의 범위를 넓히자

수면, 영양 섭취, 운동이라는 기본 습관을 지키면 에너지와 집중력이 높아져 일상에 더 많은 일을 할 여유가 생긴다. 그러면 또 다른 새로운 습관을 일과에 넣을 수 있다.

습관 만들기에 압도되지 않으려면 한 번에 한 가지 습관만 선택해 집중하기를 권한다. 약속 시간 지키기, 주간 계획하기, 프로젝트 세분하기, 이메일 확인하기 등 새로운 습관을 만들기로 결정했다고 가정해보자. 그다음 단계는 차츰 변화를 늘려나가는 것이다. 예를 들어 약속 시간 지키기를 선택했다면 어떤 유형의 약속은 몇 분 정도 일찍 도착하겠다는 목표를 세우고 그 범위를 서서히 공적 영역이나 사적 영역까지 넓혀나가면 된다.

습관 바꾸기의 핵심은 어느 한순간에 스스로 너무 많은

부담을 주지 말고 천천히 꾸준하게 앞으로 향하는 데 있다. 하루아침에 모든 습관을 바꿀 수는 없다. 하지만 시간을 들이면 에너지를 다시 얻어 피로를 떨치고 성장과 발전을 이어갈 추진력을 만들어주는 습관이 생길 것이다.

필요한 휴식 시간만큼
수면 시간을 정하고 그 시간을
채울 수 있을 만큼 일찍 잠자리에 들자.
만약 여덟 시간 동안 자야 하고
다음 날 아침 7시에 일어나야 한다면
저녁 11시에는 불을 끄고
잠자리에 드는 것이다.

Harvard
Business
Review

9

추적 가능한 목표를 세워라

간단한 체크리스트로 나쁜 습관 고치기

2017년 2월 10일 hbr.org에 실린 내용을 편집(product #H03FN8)

이 글의 저자

사비나 나와즈Sabina Nawaz

26개국 이상에서 활동하는 CEO 코치, 리더십 연설가이자 작가. <포춘Fortune> 500대 기업, 정부 기관, 비영리 단체, 학술 단체의 최고 경영진을 컨설팅한다.

새로운 목표를 세우고 도전하기 시작할 때는 에너지와 열정이 넘쳐난다. 처음 몇 주 동안은 폭풍처럼 달려들어 변화를 이끌고 그 계획을 실행에 옮긴다. 하지만 시간이 갈수록 신선함은 사라진다. 에너지는 고갈되고 목표에 몰입하던 눈빛은 흐려진다. 그렇게 결국 원상태로 되돌아간다.

나쁜 습관을 고치고 좋은 습관을 만드는 전략을 아무리 정밀하게 세워도 자신이 발전하는 모습을 자주 관찰하고 되돌아보지 않으면 성공 확률은 낮아진다. 반면 매일 발전하고 있다는 것을 느끼면 습관을 유지할 힘을 얻을 수 있다. 스스로 부족한 부분을 발견하면 무엇이 문제인지 깨닫고 조정할 수 있다. 이런 방법을 활용하면 습관에 얽매인다는 느낌은 받지 않게 될 것이다.

추적할 수 있는 목표를 세우자

테크 기업에서 CEO의 비서실장으로 근무하는 이민의 사례를 살펴보자. 그의 동료들은 그를 '세세하게 간섭하고 주변 사람의 시간을 존중하지 않으며 남의 말을 귀담아듣지 않는 사람'이라고 생각했다. 이민의 상사는 이민이 다른 사람을 배려하고 동료들에게 권한을 위임하기 바랐다. 이민은 상사의 생각을 전달받은 동료에게 구체적이고 신랄한 피드백을 듣고 더 좋은 리더가 되기로 결심했다. 우리는 그가 목표를 달성할 수 있도록 함께 계획을 세웠다.

이민은 부정적 피드백의 세 가지 영역에 각각 하나씩 목표를 세웠다. 다른 사람의 말을 귀담아듣고 세세하게 간섭하지 않으며 동료의 시간을 소중하게 생각하겠다는 것이었다. 그 목표들은 의욕적이고 훌륭했지만 정량적으로 측정할 수 없었다. 우리는 이민이 진행 상황을 검토하고 추적할 수 있도록 다음과 같이 계획을 정리했다.

- **경청하기** 하루 한 번 전자기기 없이 회의에 참석한다.
- **세세한 간섭 줄이기** 팀원과 일대일 회의를 진행하면서 통제를 줄이고 팀원에게 권한을 위임해 새로운 책임을 부여할 방법을 적용한다.
- **동료의 시간을 소중히 여기기** 동료에게 보내는 메시지를 하루에 두 통으로 제한한다.

이때 각각의 목표에 간단한 실행 계획 하나를 세웠다는 사실에 주목하자. **목표를 너무 크게 설정하거나 실행 계획을 한 번에 너무 많이 세우면 이에 압도될 수 있다. 반대로 목표가 작고 계획이 단순하면 실천할 가능성이 크다.**

첫 번째 목표를 달성하면 새로운 목표에 도전하거나 계획을 더 복잡하게 만들어 도전하면 된다. 이민의 예를 들자면 동료의 의견을 더 잘 경청하기 위해 모든 회의에 전자기기를 가져가지 않을 수도 있겠지만 사실 이는 단번에 실천하기 어려운 계획이다. 그래서 이민은 하루 한 번 회의부터 시작했다. 그 계획을 시작으로 전자기기 없이 회의에 참석하는 횟수를 늘릴지, 아니면 더 잘 경청하게 하는 다른 계획을 찾아볼지 결정할 수 있었다.

목표를 추적하는 예스 리스트

목표를 정하고 각 목표의 실행 계획을 세우고 나면 일상이 수월해진다. 하지만 곧 문제가 생길 것이다. 이민은 매우 열정적으로 습관 만들기를 시작했지만 점차 목표에 집중하기 힘들어지고 매일 처리해야 하는 업무에 밀려 과거로 되돌아갈 것이다. 그러지 않으려면 매일 진행 상황을 적극 돌이켜봐야 했다.

나는 변화를 향해 진전한 영역과 미흡했던 영역은 무엇인지 확인할 수 있도록 '예스 리스트Yes List'라는 간단한 추적표를 쓰라고 권했다. 매일 써야 한다는 생각에 앓는 소리가 절로 나오는가? 걱정할 필요 없다. 하루 2분이면 끝낼 수 있다.

예스 리스트 작성법은 간단하다. 왼쪽에 목표를 쓰고 실행했으면 'Y', 아니면 'N'을 적으면 된다. 그렇게 각 목표를 달성했는지 간단하게 추적한다. [표1]에 기록된 이민의 리스트를 예로 살펴보자.

[표1]

이민의 예스 리스트

날짜 밑의 표시는 세 가지 행동 목표의 달성 상황을 추적한다.

	1월											
목표	4	5	6	7	8	11	12	13	14	15	18	19
한 번의 회의에 전자기기 없이 참석	Y	Y	Y	Y	Y	Y	Y	Y	Y	Y	Y	Y
권한 위임 대화	**N**	**N**	Y	Y	Y	**N**	Y	Y	Y	Y	**N**	Y
메시지 두 번 이하 전송	Y	Y	Y	Y	Y	**N**	Y	Y	**N**	**N**	Y	**N**

전자기기에 예스 리스트를 저장하거나 출력해서 항상 볼 수 있는 위치에 붙여두고 일과가 끝나면 리스트를 채울

수 있도록 매일 알람을 설정한다. 이렇게 결과를 추적하면 진행 상황을 한눈에 파악할 수 있다. 또 하루를 마무리하며 'Y'와 'N'을 기록하면 성취감을 얻을 수 있다.

일상 패턴 검토하기

이렇게 몇 주를 보냈으면 조정해야 할 일상의 패턴이 있는지 검토하자. 그러면 성공과 실책을 확인하고 문제의 원인이 무엇인지 파악할 수 있다.

내가 이민과 함께 일상 패턴을 검토한 경우를 예로 들어 보겠다. 예스 리스트를 보니 이민은 월요일마다 권한 위임 대화를 제대로 실행하지 못했다. 이민은 한 주를 시작할 때마다 성과가 낮은 직원과 회의를 했는데 그것이 계획 실패의 원인이라는 사실을 깨달았다. 이민은 직원이 미흡한 결과를 낼까 봐 두려워 일을 넘기지 않았다.

이 사실을 발견하고 이민은 다음 일대일 미팅부터 부하

직원과 이전과 다른 방식으로 대화했다. 그 직원의 업무를 간접적으로 인계받기보다는 좀 더 직접적으로 피드백을 전달했다. 이렇게 예스 리스트를 주의 깊게 검토하지 않았다면 그는 목표 달성을 방해한 진짜 원인을 절대 찾지 못했을 것이다.

일상 패턴을 검토하면 한 발짝 더 나아갈 준비가 됐는지를 알 수 있다. 이민은 하루 한 번 회의에 전자기기를 가져가지 않는다는 목표를 달성한 뒤 전자기기 없이 회의에 참석하는 횟수를 계속해서 서서히 늘려갔다. 4개월 후에는 모든 회의에서 전자기기를 더 이상 사용하지 않았다. 그는 성공적으로 습관을 만들었고 회의에서 전자기기를 사용하지 않는다는 목표를 추적할 필요가 없어졌다. 이제 새로운 습관을 다룰 수 있는 에너지와 집중력이 생긴 것이다.

이민은 다른 사람의 말을 경청하기 위해 세운 첫 번째 목표를 다음 목표로 변경했다. 예스 리스트에 최소 하루에 한 번은 들은 내용을 다른 말로 바꾸어 표현해보자는 계획을 적었다. 그렇게 세 가지 목표 각각에 해당하는 새로운 습관을 만들어 추가하는 방식을 계속 실행했다. 1년이 지나자 이민의 팀원들은 그를 뛰어난 경청자이자 사려 깊은 협력자, 힘을 실어주는 관리자로 여겼다.

누구나 이루고 싶은 꿈이나 개선하고 싶은 행동을 목표로 설정할 수는 있다. 하지만 목표를 이룰 실행 가능한 계획과 진전을 측정할 수단이 없다면 또다시 나쁜 습관을 가진 과거로 되돌아갈 것이다. 작게 시작해 목표를 달성할 계획을 세우고 개선점을 기록해보자. 머지않아 긍정적인 새로운 습관에 익숙해진 스스로를 보게 될 것이다.

나쁜 습관을 고치고 좋은 습관을 만드는
전략을 아무리 정밀하게 세워도
자신이 발전하는 모습을 자주 관찰하고
되돌아보지 않으면 성공 확률은 낮아진다.
반면 매일 발전하고 있다는 것을 느끼면
습관을 유지할 힘을 얻을 수 있다.

Harvard
Business
Review

10

즉각적 보상이 좋은 습관을 만든다

성취한 목표와 실패한 목표의 차이

2017년 4월 26일 hbr.org에 실린 내용을 편집(product #H03MLT)

이 글의 저자

케이틀린 울리 Kaitlin Woolley

코넬대학교 존슨경영대학원 마케팅 부교수

아옐릿 피시배크 Ayelet Fishbach

시카고대학교 부스경영대학원 제프리 브리큰리지 켈러 석좌교수. 《반드시 끝내는 힘: 세계 최고의 행동과학자가 18년 연구 끝에 밝혀낸 목표 달성의 과학Get It Done: Surprising Lessons from the Science of Motivation》을 썼다.

'만족 지연'이란 더 큰 결과를 얻기 위해 즉각적인 보상과 욕구를 자발적으로 통제하는 능력을 뜻한다. 만족 지연의 중요성은 널리 알려져 있으며 성공의 핵심 역량으로 여겨진다. 대표적인 예로 오래전 실행된 마시멜로 실험을 떠올려 보자. 나중에 마시멜로를 두 개 받기 위해 이미 받은 마시멜로 하나를 먹지 않고 기다리는 역량을 가진 아이들은 높은 학업 성취도는 물론 건강한 인간관계까지 인생에서 여러 가지 긍정적 성과를 얻을 가능성이 높았다.[1]

그렇다면 장기 목표를 이루는 데 즉각적 보상은 도움이 되지 않을까? 이 궁금증을 파헤치기 위해 우리는 학생, 체육관에서 운동하는 사람, 박물관 방문객을 포함한 449명을 대상으로 설문조사를 실시하며 연구 다섯 건을 수행했다. 이 연구들에서는 설문 대상자에게 목표를 장기간 지속하는 능력에 관해 조사했다. 장기 목표를 달성하고자 노력할 때 즉각적 보상과 지연된 만족을 경험했는지 여부도 물었다(이 연구 자료는 <성격과 사회심리학 회보Personality and Social Psychology Bulletin>에 게재됐다).

즉각적 보상 vs. 지연된 만족

한 연구에서 우리는 사람들에게 '새해에 계획한 목표'에 관해 온라인으로 질문했다. 대개 사람들은 승진, 부채 상환, 건강 개선 등 보상을 지연할 때 장기간 혜택을 얻을 수 있는 목표를 설정했다. 이런 목표를 설정한 사람들에게 목표를 얼마나 중요하게 여기는지, 이 목표를 지속하면서 얼마나 즐거웠는지 물었다. 목표를 설정하고 두 달이 지난 뒤에도 목표를 이루기 위해 노력했는지도 조사했다. 그리고 두 달 뒤 우리는 사람들이 목표를 얼마나 중요하게 여겼는지보다 얼마나 즐거웠는지에 따라 실천을 지속할 가능성이 훨씬 더 크다는 사실을 발견했다.

하지만 사람들은 지연된 만족이 목표 지속성에 미치는 영향을 매우 크게 평가했다. 조사 대상자들에게 앞으로 몇 달 동안 자신의 목표를 유지하는 데 무엇이 도움이 될 것 같은지를 물었더니, 즉각적 보상과 지연된 만족(즐거움과 중요성) 모두 중요하다고 답했다. 하지만 실제로 지연된 만족이 지속성에 미치는 영향은 적었다. 이는 주로 초반에 목표를 설정하는 데 도움을 줬다.

우리는 운동, 영양 섭취, 교육을 포함한 다양한 분야에서 지연된 만족보다는 즉각적 보상으로 지속 가능성을 높이는 방법을 발견했다. 한 연구는 사람들이 체육관의 유산소 운동 기구에서 몇 분 동안 운동하는지를 측정했다. 이들에게 운동하면서 건강의 향상 정도(지연된 만족)와 재미를 느끼는 정도(즉각적 보상) 중 무엇에 더 관심이 있는지 질문했다. 그리고 재미를 추구하며 운동하는 사람들이 재미에 관심이 적은 사람들에 비해 더 오래 운동했다. 몸매 관리처럼 지연된 보상에 더 관심을 두는지 여부는 유산소 운동 기구에서 운동하는 시간에 영향을 미치지 않았다.

건강 습관을 잘 지키고 있는지를 측정했던 또 다른 연구에서도 비슷한 결과가 나타났다. 우리는 박물관을 방문한 시카고 시민들에게 지난 3개월 동안 한 주에 운동을 몇시간 했는지, 운동을 얼마나 재미있다고 느꼈는지 알려달라고 요청했다. 조사 결과 더 재미있게 운동했다고 평가한 사람들이 3개월간 매주 더 많이 운동했다. 운동이 건강에 중요하다고 생각하는 정도로는 운동 시간을 예측할 수 없었다. 사람들은 운동이 중요하면서 재미있다고 답했지만 말이다.

우리는 앞선 조사와 같은 연구 대상에게 건강한 음식 섭취에 관해서도 질문했다. 녹색 채소를 섭취할 때 맛과 건강에 대한 중요성을 평가하고 한 주에 채소를 얼마나 섭취하는지 기록하도록 했다. 그리고 채소의 맛을 실제로 좋아하는 사람들이 역시 한 주간 채소를 더 많이 먹었다고 기록했다. 하지만 녹색 채소가 건강에 중요하다는 생각이 채소 섭취량

증가로 이어지지는 않았다.

시카고대학교 학생들의 학습 지속성을 살펴본 경우에도 비슷한 결과가 나타났다. 학생들은 대부분 높은 학점 같은 지연된 만족을 얻기 위해 공부한다. 하지만 주제가 흥미롭다면 학습에서도 즐거움을 얻을 수 있다. 우리는 시카고대학교 도서실에서 공부하는 학생들에게 학습 주제를 얼마나 흥미롭게 여기는지, 그 주제가 얼마나 중요하다고 생각하는지 질문했다. 조사 결과 학습 주제에 흥미를 느낄수록 더 오래 공부하는 데 비해 중요성과 시간 간에는 별다른 상관관계가 보이지 않았다. 학생들은 중요하기 때문에 공부하기는 하지만 중요성의 정도로 얼마나 더 공부하는지를 예측할 수는 없다는 뜻이다.

지속력을 높이는 즉각적 보상을 활용하자

어떻게 하면 우리가 연구한 내용을 중요한 목표를 완수

하는 데 유용하게 써먹을 수 있을까? 학생과 성인 총 800명을 대상으로 네 가지 실험을 했던 다른 연구에서 세 가지 전략을 세울 수 있었다.

첫째, 목표를 성취하기 위해 무언가를 계획할 때는 즐거움을 고려한다. 예를 들어 운동 습관을 기를 때 재미있어하는 종목을 선택한다면 효과적일 것이다. 연구에서 사람들은 건강에 좋기 때문에 선택한 운동보다 즐거워서 선택한 운동을 할 때 평균적으로 52퍼센트 더 반복했다. 그러므로 운동을 더 많이 하려면 내가 좋아하는 종목을 선택하자. 직장에서 성공하고 싶다면 내가 좋아하는 업무나 근무 환경을 찾아보자. 더 건강한 음식을 섭취하고 싶다면 내가 즐겨 먹는 건강한 식품 위주로 식단을 만들자.

둘째, 목표를 장기적으로 지속할 수 있도록 스스로 즉각적 보상을 많이 주자. 한 연구에서 고등학생들이 음악을 듣고 간식을 먹으며 유색 펜을 사용하면 수학 과제를 더 오래 했다는 사실을 발견했다. 즉각적인 보상을 얻으면 어려운 과제를 재미있게 느낄 수 있다. 운동을 할 때 음악을 듣거나 좋아하는 카페에 앉아 일하는 것처럼 즐거운 환경을 만들면 목표를 지속하는 데 도움이 된다.

셋째, 목표를 이루려고 노력하는 동안 자신이 얻을 즉각적 보상을 생각하라. 우리는 한 조사에서 건강한 음식을 먹을 때 맛에 집중한 그룹이 건강상 이점에 집중한 그룹보다 음식을 약 50퍼센트 이상 더 많이 먹었다는 사실을 발견했다. 목표를 추구할 때 가능한 한도 내에서 긍정적인 보상을 찾는다면 그 목표를 더 오래 유지할 수 있다.

목표를 설정하는 일은 원하는 성과를 얻기 위한 첫걸음이다. 하지만 즉각적 보상이나 즐거움을 포기하면 목표는 희미해진다. 순간의 경험을 더 보람 있게 만들면 성공할 가능성이 커진다.

Harvard
Business
Review

11

습관은 S자 곡선을 따른다

작은 성취를 축하하는 방법

2022년 1월 26일 hbr.org에 실린 내용을 편집(product #H06U4Q)

이 글의 저자

휘트니 존슨Whitney Johnson

기술 기반 인재 개발 기업 디스럽션 어드바이저Disruption Advisors의 대표. 《현명한 성장: 회사를 성장시킬 사람들을 성장시키는 방법Smart Growth: How to Grow Your People to Grow Your Company》을 썼다.

어른이 되면 보통 놀기보다는 일을 훨씬 더 많이 한다. 사실 우리는 노는 것도 일하듯이 하고 그 일을 잘하지도 못한다. 풍선, 간식, 예쁜 접시가 놓인 퇴사 기념 파티나 생일 파티를 떠올려보자. 흔히 회사에서 회의 중간에 잠깐 하는 파티의 모습이다. 모두들 간단하게 서로 인사한다. 책상에서 혼자 먹기에 좋은 접시 하나를 집는다. 파티 주인공 역시 짧게 인사하고 빨리 퇴장한다.

내가 공동 설립하고 대표로 재직 중인 기술 기반 인재 개발 회사 디스럽션 어드바이저에서 우리는 대부분 성과를 축하하는 좋은 계획을 세우지 못한다는 사실을 알게 됐다. 코로나19 펜데믹으로 격리를 경험한 이후 이런 상황이 더 뚜렷하게 드러났다.

이런 현상은 좋지 않다. 내가 《현명한 성장》에서 설명했듯이, 축하는 성취하는 과정에서 얻은 교훈을 단단하게 굳히고 이후 성취를 얻기 위해 함께 노력할 사람들과 관계를 다지는 중요한 기회다. 여기서 말하는 축하는 얼큰하게 마시는 파티라기보다 성취를 얻는 과정의 즐거움과 기쁨은 물론 진한 감동과 안타까움을 포함한 많은 감정을 아우르는 기념 행사를 의미한다.

사적이든 공적이든 우리의 모든 도전 혹은 성장의 과정은 S자 곡선을 따른다. 곡선의 첫 부분은 결과를 내기 위해 고군분투하는 시작점이다. 이때는 자원과 전문성이 부족할 수도 있다. 속도가 너무 느려 가끔은 진행을 알아채기도 힘들지만 성장하는 중이다. 성취 가능한 작은 목표와 올바른 지표를 설정하면 추진력을 얻어 빠르게 승리할 수 있다. 그렇게 전문성과 추진력이 쌓여 최적의 역량에 도달하면 진행과 생산성에 급격히 속도가 붙는 구간에 돌입한다. 대다수 프로젝트는 이 구간에 성공적으로 완료된다.

하지만 숙달되면서 S자 윗부분에 도달하면 결국 성장은 느려진다. 이 구간은 지루함과 정체를 경험하는 위험한 구간이자 새로운 도전이 필요한 시기다.

이 곡선이 개인의 것이든 팀의 것이든 조직 전체의 것이든 축하는 중요한 단계다. 대부분의 조직에는 축하 전략이 없다. 개인 역시 목표를 달성했다는 점을 잠깐이라도 즐기면 생산성과 효율성에 어긋난다고 생각하고 "빨리 다음으로 넘어가죠"라고 이야기한다. 정말 옳지 않은 생각이다.

다행히도 성취를 축하하기는 쉽다. 네 가지 전략으로 시작해보자.

일찍 작게 축하하자

S자 곡선을 시작하는 구간에 목표를 달성하기는 어렵다. 이 시기에는 좌절하기도 하고 고통스럽게 견디기도 한다. 그럴수록 아무리 작더라도 이른 승리를 축하해야 하지

않을까?

스탠퍼드대학교 행동설계연구소장 BJ 포그Brian Jeffery Fogg는 감정과 습관의 연관성을 설명한 바 있다. 습관은 사회적 통념처럼 21일 동안 일관된 실천을 지속한다고 형성되는 것이 아니다. 작은 성취를 축하하면 두뇌에서 행복을 느끼게 하는 화학 물질인 도파민을 분비시킨다. 도파민은 학습 경험을 증진하고 함께 일하는 사람들과 유대감을 강화한다. 변화와 성장은 훈련보다 긍정적 감정으로 더 활성화된다. 축하는 경험이다.

특히 직장에서는 동료들과 함께 축하하는 것이 목표 달성에 효과적이라는 사실을 기억하자. 축하는 상장, 상품권, 이달의 사원에게만 주는 특별한 주차 공간은 아니지만 목적을 부여할 수 있다.

축하할 성취가 크지 않아도 되는 만큼 축하 역시 거창할 필요가 없다. 의미만 있으면 된다. 대표적인 예로 암 환자가 항암치료 과정을 끝마치면 의료진들의 박수를 받으며 종을 울린다. 이런 의식은 마음속에 강력하게 인식된다. 작은 성취라도 절대로 그냥 넘기면 안 된다.

중간 과정을 축하하자

S자 곡선에서 가장 높은 시기에 도달하면 생산성이 가장 높아진다. 사람들은 이 구간을 가능한 한 길게 늘이고 싶어 한다. 이를 위해 팀을 재구성하고 프로젝트를 확장하거나 계속 성장할 수 있도록 목표의 수준을 높이기도 한다. 이렇게 하면 정상으로 가는 과정 중 작은 산을 여러 번 오르게 된다. 작은 산의 정상에 오르는 모든 순간을 축하하자.

우리는 살면서 첫 번째 생일과 마지막 생일만 축하하지 않는다. 그 과정에 만나는 생일을 모두 축하한다. 목표를 이룰 때마다 그 목표가 그다지 대단하지 않은 것이라고 할지라도 기념할 계획을 세우자. 자신의 성취를 분명하게 인식하는 것은 물론 관리자와 팀 또한 그를 인정하고 높이 평가한다는 사실을 확실하게 알 수 있어야 한다. 축하는 교훈과 실천을 굳건하게 다지며 앞으로의 성취를 위한 기반과 단결을 강화한다.

정상에서 축하하자

너무 당연한 이야기 같은가? 실제로 그렇지 않다. 그 예로 앞서 이야기한 전형적인 퇴사 기념 파티를 떠올려보자. 퇴사는 중요하고 결과적인 사건이지만 우리는 산을 정복한 것에 경의를 표할 시간을 짜내기 위해 잠시 애쓸 뿐이다.

프레드 B. 브라이언트Fred B. Bryant는 요제프 베로프Joseph Veroff와 공동 집필한 책 《인생을 향유하기: 행복 체험의 심리학Savoring: A New Model of Positive Experience》에서 콜로라도의 스노우매스마운틴 정상에 올라 승리를 자축한 경험을 설명했다. 브라이언트는 이전에도 두 번 산에 오르기를 시도했지만 등정하지 못했다. 그는 세 번째 등산에서 자신이 다시 이 산을 오르지는 않을 것 같다고 생각했다. 그래서 장관을 만끽하고 공기에 담긴 냄새, 바람이 내는 소리, 눈이 닿는 곳곳의 세밀한 장면 등 기억에 남을 순간의 느낌에 집중하면서 친구들과 그 순간을 즐겼다. 브라이언트는 여기에 오기까지 극복한 어려움을 마음속으로 되새겼다. 그러고 나서 친구들을 끌어안고 함께 등반하고 축하할 수 있음에 감사했다. 결국 그는 등정에 성공했고 정복의 기쁨과 감동을 누리며 정상에서 대략 10분 정도를 보냈다.

우리 인생에도 스노우매스마운틴이 있다. 꿈에 그리던 직장을 얻고, 제품을 출시하고, 큰 거래처와 거래를 성사하고, 주식을 상장하는 일들이 그렇다. 이는 자신에게는 특별하지만 다른 사람에게는 평범한 일들일 수도 있다. 오랜 시간 공들여서 축하할 필요는 없다. 하지만 의미는 있어야 한다.

오늘을 축하하자

하루하루는 그 자체로 S자 곡선이다. 이렇게 매일을 생각했으면 한다. 아침에 일을 시작하기 전에, 이메일을 읽기 전에, 잠시 시간을 내서 다가올 하루를 생각해보자. 오늘 성취해야 할 가장 중요한 목표는 무엇일까? 그 일이 산의 정상이자 오늘의 곡선의 정점이다. 오늘 무슨 일이 생기든 이 중요한 목표를 가장 높은 우선순위에 놓아야 한다.

아침의 명상은 정상에 오르기 위해 베이스캠프를 치는 것과 같다. 하루가 끝나면 성취 혹은 이를 향한 진전을 축하하자. 포그는 거울을 보고 "승리!"라고 외치는 것처럼 단순하게 축하해도 된다고 말했다.

코렌트 테크놀로지Corent Technology 대표이자 꾸준한 자기 혁신가이자 진정한 등산가인 페이지 파테히Feyzi Fatehi는 인터뷰에서 이런 비유를 했다.

"저는 항상 너무 편하다는 생각이 들 때면 저 자신에게 말합니다. '이동해야 한다.' (…) 등반과 같습니다. 아무 데나 텐트를 칠 수는 없습니다. 하지만 휴식을 취할 수는 있죠. 주위를 둘러볼 수도 있습니다. 깊이 심호흡하고 간식을 먹을 수 있습니다. 하지만 계속 움직여야 합니다. 그러지 않으면 안주하게 됩니다."

축하는 하나의 이벤트다. 목적지가 아니다. 우리가 지나온 길과 등반한 산을 되돌아보기 위해 짧게 멈추는 과정일 뿐이다. 다시 산을 오르기 위해, 하산하기 전 휴식하며 숨을 고르고 앞에 놓인 다음 기회를 마음속으로 생각하는 것이다. 하지만 그 시간이 짧다고 해서 중요하지 않거나 무시해도 되는 것은 아니다. 크고 작은 성취를 축하하는 것은 더 많은 성취를 얻게 할 매우 강력한 연료가 된다. 단지 승리를 축하하는 것이 아니라 승리하기 '위해' 축하하는 것이다.

미주

Chapter 2

1 David T. Neal, Wendy Wood, Jeffrey M. Quinn, "Habits—A Repeat Performance", Current Directions in Psychological Science 15 no. 4 : 198-202, 2006.

2 Howard J. Klein et al., "When Goals Are Known: The Effects of Audience Relative Status on Goal Commitment and Performance", <Journal of Applied Psychology> 105, no. 4: 372-389, 2020.

3 Katherine L. Milkman, Julia A. Minson, and Kevin G. M. Volpp, "Holding the Hunger Games Hostage at the Gym: An Evaluation of Temptation Bundling," Management Science 60, no. 2: 283-299, 2013.

Chapter 3

1 Kandi J. Wiens, "Leading Through Burnout: The Influence of Emotional Intelligence on the Ability of Executive Level Physician Leaders to Cope with Occupational Stress and

Burnout" (PhD diss., University of Pennsylvania), 2016.

2 Kathryn Birnie, Michael Speca, and Linda E. Carlson, "Exploring Self-Compassion and Empathy in the Context of Mindfulness-Based Stress Reduction (MBSR)," Stress and Health 26, 359-371, 2010.11., https://self-compassion.org/wp-content/uploads/publications/MBSR-Exploring_self-compassion_empathy_in_the_context_of_mindfulness_based_stress_reduction.pdf; Helen Riess, "The Power of Empathy," TEDxMiddlebury, 2013.12.12., https://www.youtube.com/watch?v=baHrcC8B4WM; Richard J. Davidson, "Toward a Biology of Positive Affect and Compassion," in Visions of Compassion: Western Scientists and Tibetan Buddhists Examine Human Nature, ed. Richard J. Davidson and Anne Harrington (New York: Oxford University Press), 2001.

3 Robert Waldinger, "What Makes a Good Life? Lessons from the Longest Study on Happiness," TEDxBeaconStreet, 2015.11.,https://www.ted.com/talks/robert_waldinger_what_makes_a_good_life_lessons_from_the_longest_study_on_happiness.

4 Richard E. Boyatzis, Melvin L. Smith, and 'Alim J. Beveridge, "Coaching with Compassion: Inspiring Health, Well-Being, and Development in Organizations,"

Journal of Applied Behavioral Science 49, no. 2, 153-178, 2013.06.

Chapter 4

1 Amy F. T. Arnsten, "Stress Signalling Pathways That Impair Prefrontal Cortex Structure and Function," Nature Reviews Neuroscience 10: 410-422, 2009.
2 "The Anxiety Habit Loop," Dr. Jud (blog), 2020.03.15, https://drjud.com/how-anxiety-becomes-a-habit/.
3 Judson A. Brewer et al., "Mindfulness Training for Smoking Cessation: Results from a Randomized Controlled Trial," Drug and Alcohol Dependence 119, no. 1-2 : 72-80, 2001.; and Ashley E. Mason et al., "Testing a Mobile Mindful Eating Intervention Targeting Craving-Related Eating: Feasibility and Proof of Concept," Journal of Behavioral Medicine 41: 160-173, 2018.
4 Amy C. Janes et al., "Quitting Starts in the Brain: A Randomized Controlled Trial of App-Based Mindfulness Shows Decreases in Neural Responses to Smoking Cues That Predict Reductions in Smoking," Neuropsychopharmacology 44: 1631-1638, 2019.; Amy C. Janes et al., "Insula-Dorsal Anterior Cingulate Cortex Coupling Is Associated with Enhanced Brain Reactivity to

Smoking Cues," Neuropsychopharmacology 40: 1561-1568, 2015; and Dana M. Small et al., "Changes in Brain Activity Related to Eating Chocolate: From Pleasure to Aversion," Brain 124, no. 9: 1720-1733, 2001.

Chapter 5

1 Tom Rath and Jim Harter, "Exercise, Sleep, and Physical Well-Being," Gallup, 2010.10.21., https://news.gallup.com/businessjournal/127211/exercise-sleep-physical-wellbeing.aspx.

2 "Reading 'Can Help Reduce Stress,'" The Telegraph, 2009.03.30., https://www.telegraph.co.uk/news/health/news/5070874/Reading-can-help-reduce-stress.html.

Chapter 6

1 "The Definitive 100 Most Useful Productivity Tips," filtered, https://learn.filtered.com/hubfs/Definitive%20100%20Most%20Useful%20Productivity%20Hacks.pdf.

2 Belle Beth Cooper, "Autonomy Could Be the Key to Workplace Happiness," World Economic Forum, 2016.08.15., https://www.weforum.org/agenda/2016/08/autonomy-could-be-the-key-to-workplace-happiness.

3 "Are Digital Distractions Harming Labour Productivity?"

The Economist, 2017.12.07., https://www.economist.com/finance-and-economics/2017/12/07/are-digital-distractions-harming-labour-productivity; "2018 Workplace Distraction Report," Udemy, https://research.udemy.com/wp-content/uploads/2018/03/FINAL-Udemy_2018_Workplace_Distraction_Report.pdf.

Chapter 7

1 Tom Ireland, "What Does Mindfulness Meditation Do to Your Brain?" Scientific American, 2014.06.12., https://blogs.scientificamerican.com/guest-blog/what-does-mindfulness-meditation-do-to-your-brain/.

Chapter 8

1 Joe Leech, "7 Science-Based Health Benefi ts of Drinking Enough Water," Healthline, 2020.06.30., https://www.healthline.com/nutrition/7-health-benefits-of-water
2 "Exercise: 7 Benefits of Regular Physical Activity," Mayo Clinic, 2021.10.08., https://www.mayoclinic.org/healthy-lifestyle/fitness/in-depth/exercise/art-20048389.
3 Kristen Nunez, "13 Benefits of Working Out in the Morning," Healthline, 2019.07.10., https://www.

healthline.com/health/exercise-fitness/working-out-in-the-morning.

Chapter 10

1 Walter Mischel, Yuichi Shoda, and Monica L. Rodriguez, "Delay of Gratification in Children," Science 244, no. 4907: 933-938, 1989.

옮긴이 박주미

대학에서 전산과학을 공부했다. 국내외 IT 회사에서 20년 가까이 근무하며 고객과 의사소통 방법, 조직 관리 방법, 팀원 구성 및 동기부여 방법 등을 학습하고 경험했다. 옮긴 책으로는《하루 10분 가장 짧은 동기부여 수업》이 있다.

HBR 자기계발 큐레이션

하루 10분 가장 짧은 습관 수업

초판 1쇄 인쇄 2024년 2월 2일
초판 1쇄 발행 2024년 2월 14일

지은이 제임스 클리어 외
옮긴이 박주미
펴낸이 이승현

출판1 본부장 한수미
와이즈 팀장 장보라
편집 진송이
디자인 윤정아

펴낸곳 ㈜위즈덤하우스 **출판등록** 2000년 5월 23일 제13-1071호
주소 서울특별시 마포구 양화로 19 합정오피스빌딩 17층
전화 02) 2179-5600 **홈페이지** www.wisdomhouse.co.kr

ISBN 979-11-7171-129-1 04190
979-11-7171-131-4 (세트)